Q&A よくある疑問を徹底解説

海外所得・国際相続・贈与の税務

徳山 義晃　森村国際会計グループ代表 森村 元 著

税務経理協会

はじめに

国際税務に関する書籍を，欧米系，中国系に強い税理士２名の共著で執筆しようと７年前に決め，当初から三部作の予定で，個人編，法人編と執筆・出版し，本著が最後の資産税編となりました。国内税務では資産税が最も難しいといわれていますが，国際税務でも資産税，特に国際相続はやはり突出した難しさを感じました。これは，税務の前段階の相続法の部分では，ビジネスと異なり共通の型にはめて他国と調整をする必要性がなく，その国，地域の成り立ちや歴史，家族観などが反映された相続関係法がそのままあり，国・地域ごとに大きな差異があるためだと考えています。

一方で，ある種無機質な感のあるビジネス関連の制度と異なり，国際相続では国・地域ごとの歴史・家族観・思想を感じることができ，税務業務のなかでは異質の面白さもあり，まさに国際交流，ビジネスの醍醐味が味わえる分野でもあると感じました。特に，最近では国際間の人的交流や国際結婚，移住も盛んですので，今後よりニーズが高まる分野であると考えています。

本書の執筆にあたっては，中国本土関係では大江橋法律事務所上海所長・弁護士の松本亮先生，輸凌律師事務所律師の陳霄翔先生，台湾関係では萬國法律事務所の律師陳文智先生，律師呉采模先生，趨勢法律事務所代表・律師の徐崧博先生・律師の胡俊暘先生から，豊富な知見に基づく現地制度，実務の御指導をいただきました。御多忙のところ丁寧な御指導をいただいたことに，この場を借りて改めて感謝を申し上げます。非常感謝，老師！　また，海外の制度，情報調査などでは，弊社スタッフの元賢玉さん，井上僚太さんにお手伝いをいただきました。語学堪能で勉強熱心な二人に感謝を申し上げます。助かりました！　ありがとうございます。また，国際税務３部作完成まで７年間お付き合いをいただきました共著者の税理士徳山義晃先生，編集の労をとっていただいた税務経理協会の小林規明部長に感謝申し上げます。長期にわたりありがとうございました。

拙い書籍ですが，本書が皆様の国際交流，ビジネスのなにかのお役にたてば，光栄の極みです。本書を手に取られた皆様の国際交流が素晴らしいものとなるよう祈念しております。

2023 年 3 月

森村国際会計グループ　代表

税理士・行政書士　**森村　元**

刊行にあたって
～国際税務・三部作へのおもい～

2017 年 12 月の『よくある疑問を徹底解説 Q&A 海外出張・出向・外国人の税務』初版刊行から始まる中国税務に強い森村税理士との共著も，『よくある疑問を徹底解説 Q&A 海外進出・海外子会社・越境取引の税務』，そして今回の『よくある疑問を徹底解説 Q&A 海外所得・国際相続・贈与の税務』の刊行で，ついに三部作が完成となります。

これらの三部作は，“国際化の進展に伴う日本及び複数の国にまだがる役員・社員・外国人社員の課税関係，経済のデジタル化に伴う海外法人・個人間の取引や越境 EC ビジネスに関わる日本及び複数の国にまたがる法人税・消費税の課税関係，そして最後に複数の国にまたがる個人・家族の所得と財産に関わる課税関係の悩みに翻弄される企業，個人及びこれらの企業・個人を顧客に持つ専門家のための寄りかかれる書籍を書こう”というおもいが，今，ひとつの区切りとなります。本書が読者の皆様にとって，少しでも頼りになる存在になれましたら，本当に嬉しい限りです。

そして，三部作完成までお付き合い頂いた森村元税理士，これまでの出版に際してお世話になった税務経理協会の小林規明氏に心より感謝申し上げます。本当にありがとうございます。

ところで，昨年末あたりから新聞報道などでチャット GPT という言葉を目にする機会が増えています。2022 年 11 月に米国の新興オープン AI が一般公開したチャットボットの「チャット GPT」がその正体ですが，自然な文章や画像を作り出す生成 AI の社会実装が進むと予想され，あらゆる業界の企業が製品やビジネスを作り直すために，この生成 AI を活用しようとしているようです。今後，税理士，弁護士や会計士などの専門家の業務も大きく影響を受けるはずですが，これらの生成 AI を上手に使える側になるために，新たな学びが始まる予感がしています。

今後，三部作の改訂版でも，こうした新しい学びをどんどん取り込んで，読者の皆様の頼れる存在であるために改良していきます。

なお，本書籍の内容は，著者の個人的な見解であり，所属する税理士法人山田＆パートナーズの公式見解ではないことをお断り申し上げます。

2023 年 3 月

税理士　**徳山　義晃**

目次
CONTENTS

第1章 海外資産（所得税）の取扱い

第2章 国際相続

【凡例】

民 ………………………… 民法
所法 ……………………… 所得税法
所令 ……………………… 所得税法施行令
相法 ……………………… 相続税法
消法 ……………………… 消費税法
消令 ……………………… 消費税法施行令
措法 ……………………… 租税特別措置法
国外送金等調書法 …… 内国税の適正な課税の確保を図るための国外送金等に係る調書の提出等に関する法律

所基通 …………………… 所得税基本通達
相基通 …………………… 相続税法基本通達
消基通 …………………… 消費税法基本通達
措通 ……………………… 租税特別措置法通達

第1章
海外資産（所得税）の取扱い

金融所得

Q1 海外に保有する銀行預金（預金利子）の課税の取扱い

CHAPTER 1

私（税理士）は今回，日本国外に銀行預金口座を保有するＡ氏の確定申告書の作成の依頼を受けました。確定申告書の作成に際して留意すべき事項について教えてください。

結論

海外に保有する銀行預金（預金利子）の課税の取扱いについて留意すべき事項として，次の４つが挙げられます。

① 銀行預金利子の課税方法

② 外貨建取引の円換算レート

③ 外国税額控除の適用

④ 国外財産調書作成・申告の検討

解説

1 銀行預金利子の課税方法

預貯金から生じる利子は利子所得に区分され，利子等の収入金額（源泉徴収される前の金額）が利子所得の金額となります。銀行預金利息の課税方法は，原則として総合課税の対象とされますが，日本国内において支払を受ける利子所得は，その支払を受ける際，利子所得の金額に一律15.315％(他に地方税５％)の税率を乗じて算出した所得税・復興特別所得税が源泉徴収され，これにより納税が完結する源泉分離課税の対象となり，確定申告をすることはできません。

一方，海外に保有する預貯金から生じる利子は日本の所得税及び地方税が源泉徴収されないため確定申告を行う必要があります。この場合，源泉分離課税の対象とならずに総合課税の対象となるため注意が必要です（所法 23，181，182，措法 3）。

2　外貨建取引の円換算レート

外貨建取引を行った場合には，外貨建取引の円換算額は，その外貨建取引を行った時における外国為替の売買相場により換算した金額とされています。

このとき，外国為替の売買相場は対顧客電信直物売買相場の仲値（TTM）とされ，利子所得については，仲値（TTM）によって円に換算する必要があります。海外の金融口座を通じて取得する利子所得についてはTTBを使用することはできません（所法 57 の 3，所基通 57 の 3-2）。

3　外国税額控除の適用

(1) 外国税額控除と外国税額控除の対象とならない外国所得税の額

外国税額控除は，居住者が各年において外国所得税の額を納付した場合に，その年において生じた国外所得金額を限度として，その外国所得税の額を日本の所得税から控除することで国際的な二重課税を排除する制度です。海外の預金口座を通じて取得した利子についても，日本と同様に現地で所得税が源泉徴収されている場合は，これらの所得税の額が外国税額控除の対象となります。ただし，日本が外国と締結している租税条約（協定）で，利子等の投資所得について現地で課される所得税が軽減・免除される場合，その軽減・免除される額を超えて課された外国所得税の額があったとしても，その超える外国所得税の額は外国税額控除の対象となりません（所法 95，所令 222 の 2④）。

(2) 間違えやすい事項

外国税額控除適用における間違えやすい留意点として，租税条約（協定）で利子等の投資所得について現地で課される所得税が軽減・免除されるにもかかわらず，納税者が適切に租税条約上の届出を現地の金融機関等に行っていないため，現地の国内税法により軽減・免除される額を超えて課された外国所得税の額も合わせて外国税額控除を適用するケースが挙げられます。例えば，米国にあっては W8-BEN という米国における源泉所得税における受益者が米国非居住者であることを証する届出書を利子等の投資所得を受領する前に金融機関に提出していないと 30% の米国源泉所得税が徴収されます。日米租税条約における配当の規定で個人に対する課税は 10% を限度としているため，外国税額控除の制度の適用となる外国所得税の額は 30% ではなく 10% となります。

また，一部の国（例：スイス）では租税条約の適用を現地の所得税の源泉徴収後の還付申告を前提としているケースや，日本の居住者証明書の提出が求められたりするケース（例：インドネシア）があるので注意が必要となります。

4　国外財産調書作成・申告の検討

（1）国外財産調書の提出制度

各年の 12 月 31 日において，国外財産の合計額が 5,000 万円を超える国外財産を保有する日本の居住者は，その翌年の 3 月 15 日までにその国外財産の種類，数量及び価額等を記載した調書を住所地の所轄税務署長に提出する必要があります。国外財産調書を上記の期限内に提出しなかった場合，過少申告加算税の 5 ％の加重や，罰則（50 万円以下の罰金等）が適用されます（国外送金等調書法 5 ①，6 ②，10 ①②）。

（2）間違えやすい事項

国外財産調書に関わる間違えやすい留意点として，「暦年度」をまたいだ外貨建資産の乗換えに係る為替差損益の認識が挙げられます。

例えば，2022 年 12 月に海外の預金口座を解約，同年の 12 月末日時点では解約対価の 100 万米ドルを外貨のまま当座預金で保有し，国外財産調書に記載，翌年の 2023 年 2 月に新たに 100 万米ドル相当の投資信託を購入して同年の 12 月末時点まで保有してこれを国外財産調書に記載したと仮定します。この時，2022 年 12 月の預金の解約時点から 2023 年 2 月までの投資信託の購入時点までの期間に円安が進行した場合，為替差益を雑所得として認識・申告する必要が挙げられます。外貨建取引は，資産の販売及び購入，役務の提供，金銭の貸付け及び借入れその他の取引をいい，外貨建取引を行った場合には日本円に換算して各種所得の金額を計算する必要があり，外貨建資産の乗り換えに係る為替損益の認識は見落としがちになるため注意が必要です。

金融所得

Q2 海外に保有する証券口座（配当金・債券利子）の課税の取扱い

CHAPTER 1

私（税理士）は今回，日本国外に証券口座を保有するＡ氏の確定申告書の作成の依頼を受けました。確定申告書の作成に際して留意すべき事項について教えてください。

結 論

海外に保有する証券口座（配当金・債券利子）の課税の取扱いについて留意すべき事項として，次の４つが挙げられます。

① 配当金・債券利子の課税方法

② 外貨建取引の円換算レート

③ 外国税額控除の適用

④ 国外財産調書作成・申告の検討

解 説

1 公社債・株式等に係る課税の方法

海外に保有する証券口座を通じて保有する株式，投資信託及び公社債等から生じる利子，配当金は確定申告を行う必要があり，課税方法は利子所得・配当所得等の所得区分及び株式や投資信託が上場・公募しているか否かで特定株式・特定公社債，一般株式・一般公社債という区分に応じて，下記のとおり課税方法が分類されます（措法３，措法８及び措法８の２～4）。

▍利子所得

所得の内容	課税方法
外国（特定）公社債の利子	申告分離課税
外国（一般）公社債の利子	総合課税
外国上場・公募公社債投資信託からの分配金	申告分離課税
外国私募公社債投資信託からの分配金 外国公募公社債等運用投資信託からの分配金	総合課税 申告分離課税

外国（一般）公社債の利子及び外国私募公社債投資信託からの分配金を除き，投資信託からの分配金のうち利子所得に該当するものについては，申告分離課税の対象となります。すなわち，15.315％（他に地方税５％）の分離課税となります。

▍配当所得

所得の内容	課税方法
外国株式（特定）からの配当	総合又は申告分離課税の選択
外国株式（一般）からの配当	総合課税
外国上場・公募株式投資信託からの配当	総合又は申告分離課税の選択
外国（一般）株式投資信託からの配当	総合課税
外国公社債投資信託以外の上場・公募証券投資信託（特定）からの分配金	総合又は申告分離課税の選択
外国公社債投資信託以外の証券投資信託（一般）からの分配金	総合課税
外国公社債等運用投資信託以外の上場・公募投資信託（特定）からの分配金	総合課税又は申告分離課税
外国公社債等運用投資信託以外の投資信託（一般）からの分配金	総合課税

公募若しくは上場している投資信託若しくは株式からの配当金に限り，申告分離課税（15.315％（他に地方税５％））を選択することができます。

2　外貨建取引の円換算レート

外貨建取引を行った場合には，外貨建取引の円換算額は，その外貨建取引を行った時における外国為替の売買相場により換算した金額とされています。

このとき，外国為替の売買相場は対顧客電信直物売買相場の仲値（TTM）とされ，配当所得については，利子所得と同様にいずれも仲値（TTM）によって円に換算する必要があります。海外の金融口座を通じて取得する利子・配当所得についてはTTBを使用することはできません（所法57の3，所基通57の3-2）。

3　外国税額控除の適用

外国税額控除は，居住者が各年において外国所得税の額を納付した場合に，その年において生じた国外所得金額を限度として，その外国所得税の額を日本の所得税から控除することで国際的な二重課税を排除する制度です。

海外の証券口座を通じて取得した利子・配当金についても，日本と同様に現地で所得税が源泉徴収されている場合は，これらの所得税の額が外国税額控除の対象となります。ただし，日本が外国と締結している租税条約（協定）で，利子・配当等の投資所得について現地で課される所得税が軽減・免除される場合，その軽減・免除される額を超えて課された外国所得税の額があったとしても，その超える外国所得税の額は外国税額控除の対象となりません（所法95，所令222の2④）。

また，Q1の3（2）「間違えやすい事項」で記載したとおり，租税条約（協定）で利子・配当等の投資所得について現地で課される所得税が軽減・免除されるにも関わらず，納税者が適切に租税条約上の届出を現地の金融機関等に行っていないため，現地の国内税法により軽減・免除される額を超えて課された外国所得税の額は，外国税額控除の対象とはなりません。

4　国外財産調書作成・申告の検討

各年の12月31日において，国外財産の合計額が5,000万円を超える国外財産を保有する日本の居住者は，その翌年の3月15日までにその国外財産の種類，数量及び価額等を記載した調書を住所地の所轄税務署長に提出する必要があります（国外送金等調書法5①，6②，10①②）。

また，Q1の4（2）「間違えやすい事項」で記載したとおり，「暦年度」をまたいだ外貨建資産の乗り換えに係る為替差損益の認識は見落としがちになるため注意が必要です。

金融所得

Q3 海外に保有する証券口座（株式等の譲渡）の課税の取扱い

CHAPTER 1

私（税理士）は今回，日本国外に証券口座を保有するＡ氏の確定申告書の作成の依頼を受けました。確定申告書の作成に際して留意すべき事項について教えてください。

結 論

海外に保有する証券口座（株式等の譲渡）の課税の取扱いについて留意すべき事項として，次の４つが挙げられます。

① 株式等の譲渡の課税方法

② 外貨建取引の円換算レート

③ 外国税額控除の適用

④ 国外財産調書作成・申告の検討

解 説

1 株式等の譲渡の課税方法

(1) 所得税の課税方法

海外に保有する証券口座を通じて保有する株式，投資信託及び公社債等から生じ譲渡益は確定申告を行う必要があり，課税方法は株式や投資信託が上場・公募しているか否かで特定株式・特定公社債，一般株式・一般公社債という区分に分類され，その区分のなかで，①譲渡損益の通算，②特定株式・特定公社債（上場株式等）の譲渡損失（償還損失）のうち，日本国内の金融取引業者等に売委託等で生じた損失は，上場株式等の利子所得及び配当所得との損益通算を行うことができます。さらに，この損益通算後も上場株式等の損失が残った場合は３年間の繰越しを行うことが可能です（措法37の10，措法37の11及び措法37の12の２)。

(2) 間違えやすい事項

上場株式等に係る譲渡損失の損益通算で間違えやすい留意点として，海外の証券口座を通じて譲渡した上場株式等の損失を海外の証券口座を通じて取得する上場株式等の利子所得，配当所得と損益通算してしまうケースが挙げられます。

上場株式等に係る譲渡損失の損益通算が認められるのは，日本国内の金融口座（内閣総理大臣の登録を受けた金融取引業者）を通じて売委託等をして発生した上場株式等の譲渡損失（償還損失）に限定されます。

例えば，日本の金融口座を通じて，

① 上場株式等の譲渡益が500万円

② 利子・配当所得が100万円

海外の金融口座を通じて，

③ 上場株式等の譲渡損失が600万円

④ 利子・配当所得が200万円

と仮定します。

上記③の譲渡損失600万円と上記①の譲渡益500万円の相殺後に100万円の譲渡損失が残ります。しかし，この100万円は②及び④の利子・配当所得と

▌譲渡所得

所得の内容	課税方法
外国株式（上場・一般）の譲渡	申告分離課税
外国特定株式投資信託（上場・一般）の譲渡	申告分離課税
外国公社債の譲渡	申告分離課税
外国公社債投信信託（上場・一般）の譲渡	申告分離課税
外国公募公社債等運用投資信託の譲渡	申告分離課税
外国私募公社債等運用投資信託の譲渡	申告分離課税

損益通算することも，翌年度以降に繰り越すこともできません。既に日本の所得税が源泉徴収されている②の利子・配当所得を除き，④の利子・配当所得200万円は確定申告を行う必要があります。

上場株式等及び一般株式等の譲渡所得等（譲渡及び償還差損益）は，いずれも申告分離課税（15.315％（他に地方税5％））の対象となります。

2　外貨建取引の円換算レート

外貨建取引を行った場合には，外貨建取引の円換算額は，その外貨建取引を行った時における外国為替の売買相場により換算した金額とされています。

このとき，外国為替の売買相場は対顧客電信直物売買相場の仲値（TTM）とされ，利子所得，配当所得については，いずれも仲値（TTM）によって円に換算する必要がありますが，一般株式等及び上場株式等の譲渡については，金融商品取引業者を通じて取引を行った場合は，取得については対顧客電信直物売買相場の売値（TTS），売却については対顧客電信直物売買相場の買値（TTB）により換算することができます。

上場株式等に係る譲渡損失の損益通算及び繰越控除の規定と違い，株式等の取引を金融商品取引法に規定する内閣総理大臣の登録を受けた業者を経由して行う取引に限定されません（所法57の3，所基通57の3-2，措通37の10・37の11共-6）。

3　外国税額控除の適用

日本が締結している租税条約若しくは租税協定では，株式や投資信託などの譲渡益については，一定の株式（対象となる法人の資産のうちに現地不動産を占める割合が50%超える株式など）を除いて所得源泉地での課税を免除しています。したがって，日本が外国と締結している租税条約（協定）で免除されるにもかかわらず課された外国所得税の額は，外国税額控除の対象となりません（所法95，所令222の2④）。

4　国外財産調書作成・申告の検討

各年の12月31日において，国外財産の合計額が5,000万円を超える国外財産を保有する日本の居住者は，その翌年の3月15日までにその国外財産の種類，数量及び価額等を記載した調書を住所地の所轄税務署長に提出する必要があります（国外送金等調書法5①，6②，10①②）。

また，Q1の4（2）「間違えやすい事項」で記載したとおり，暦年度をまたいだ外貨建資産の乗換えに係る為替差損益の認識は見落としがちになるため注意が必要です。

金融所得

Q4 租税条約の適用を受けるための取扱い

CHAPTER 1

Q1「3　外国税額控除の適用」で記載のあった，日本と租税条約を締結している国・地域の租税条約に基づく租税の減免等を受けるために必要な届出・手続などについて教えてください。

結 論

租税条約に基づく租税の減免等を受けるためには，現地の源泉所得税の徴収の取扱機関又は租税条約の相手国等の権限ある当局に対して，現地における源泉所得税における受益者が日本居住者であることを証する届出書や日本の居住者証明書を提出する必要が生じる場合があります。居住者証明書の提出が求められたときは，所轄の税務署に証明請求を行うことができます。

解 説

1　居住者証明書の請求

(1) 請求方法

居住者証明書の交付請求を行う場合は，所轄の税務署に次の２つを直接又は郵便により提出します。

①　居住者証明書

②　居住者証明書の交付請求書

租税条約の相手国により居住者証明書の様式が定められている場合は，原則として相手国に定められた様式を使用します。また，所轄税務署に依頼した居住者証明書の発行には２週間以上の期間を要することもあるので注意が必要です。

なお，居住者証明書には，証明事項として収入（所得）金額又は所得税額，提出先国にPE（恒久的施設）を有さないことなど，証明書の有効期限又は適用期間及びその他税務署では確認することができない事項が含まれている場合，発行できないこともあるので，事前に所轄税務署の管理運営部門に相談する必要があります。

(2) インドネシア共和国へ提出する居住者証明書について

日本・インドネシア租税条約に基づくインドネシア共和国の租税の軽減又は免除を受けるための様式（FORM DGT）で，証明期間に将来にわたる期間を含む必要がある場合には，インドネシアの様式は1つの書面につき1年間の証明を前提としているため，納税者本人による宣誓が必要となります。将来にわたって日本に居住する旨の宣誓書を作成し，居住者証明書の交付請求時に添付する必要があります。

(3) イタリア共和国へ提出する居住者証明書について

日本・イタリア租税条約に基づくイタリア共和国の租税の軽減を受けるための様式で，証明期間に将来にわたる期間を含む必要がある場合，インドネシアと同様の宣誓書を作成し，その宣誓書に対応する期間の「居住者証明書」を作成のうえ，居住者証明書の交付請求を行う必要があります。

2　受益者が日本居住者であることを証する届出書（米国の場合）

(1) W-8BEN（届出書）とは

W-8BENとは，「米国源泉税に対する受益者の非居住証明書」で，米国の内国歳入庁（IRS）へ米国所得税の源泉徴収の取扱者を経由して提出する書類です。

W-8BENの提出は3年ごとの更新が義務付けられており，W-8BENを提出しない場合，米国に保有する金融口座を通じて取得する利子，配当などについて，米国国内税法に従って，収入金額の30%の源泉税が課せられます。また，W-8BENは米国が他の国々と締結している租税条約の恩恵（米国源泉税の軽減又は免税）の適用を受けることを請求するための書面でもあります。

(2) W-8BENの提出の目的

所得の受益者（米国非居住者）が租税条約などに基づき，米国源泉所得税の軽減又は免除の特典を受けるために，利子・配当などの所得を取得する前に，所得の支払者（源泉徴収義務者）である米国金融機関などへ必要事項を記入のうえ，提出します。W-8BENの提出がないと所得の支払者は米国国内法に従い，30%の源泉所得税を徴収します。下記のウェブサイトからW-8BENのFormをダウンロードすることができます（http://www.irs.gov/pub/irs-pdf/fw8ben.pdf）。

(3) W-8BENの有効期限

住所の変更など提出時に記載した情報の変更（change in circumstances）があれば，その都度，変更がない場合には，原則として3年毎の更新が義務付けられています。例えば，W-8BENの署名日が2022年7月1日の場合には，2025年12月31日まで有効となります。

(4) W-8BENの記載方法

W-8BENの記載は，次のような手順で記入します。

① Part 1

Line 1：氏名を記入します。

Line 2：国籍を記入します。

Line 3：自宅の住所を記入します。

Line 5：米国の社会保険番号又は米国の納税者番号を保有している場合は記入します。米国の納税者番号はForm W-7で申請できます。

Line 6：日本の納税者番号（マイナンバー）を記入します。

Line 7：W—8BENの提出先が金融機関の場合，その金融機関で保有する口座番号を記入します。

Line 8：生年月日を月-日-西暦の順番で記入します。

② Part 2

Line 9：租税条約の恩恵の適用を受けるために，Japanと記入します。

Line 10：取得する所得が利子や配当金などに限られる場合，記入する必要はありません。

③　Part 3

Sign Here の箇所に Form の記載内容が，事実と相違なく記入されていることを証明するために署名します。

Date の箇所に署名した日付を月-日-西暦の順番で記入します。

Print name of signer の箇所に氏名をローマ字で記入します。

不動産所得

Q5 海外に保有する不動産（不動産所得）の課税の取扱い（1）

CHAPTER 1

私（税理士）は今回，日本国外に保有している賃貸不動産から不動産所得が発生するA氏の確定申告書の作成の依頼を受けました。確定申告書の作成に際して留意すべき事項について教えてください。

結 論

海外に保有する賃貸不動産（不動産所得）の課税の取扱いについて留意すべき事項として，次の4つが挙げられます。

① 海外の不動産所得の課税方法

② 外貨建取引の円換算レート

③ 外国税額控除の適用

④ 国外財産調書作成・申告の検討

解 説

1 海外の不動産所得の課税方法

海外に保有する不動産の貸付けによる所得がある場合には，確定申告が必要で，国内に所在する不動産の貸付けによる所得と同様に総合課税の対象となります。

確定申告に際して不動産所得の計算は，減価償却費の計算をはじめ日本の所得税法に拠って行います。

なお，海外に保有する中古で取得した不動産の貸付けによる所得が赤字のときは，その赤字のうち中古不動産の建物の減価償却費（簡便法により耐用年数を計算した場合）相当額の損失は生じなかったものとみなされます（「Q6 海外に保有する不動産（不動産所得）の課税の取扱い（2）」参照）。

2　外貨建取引の円換算レート

外貨建取引を行った場合には，外貨建取引の円換算額は，その外貨建取引を行った時における外国為替の売買相場により換算した金額とされています。

このとき，外国為替の売買相場は対顧客電信直物売買相場の仲値（TTM）とされますが，不動産所得，事業所得，山林所得又は雑所得を生ずべき業務に係るこれらの所得の金額の計算においては，継続適用を条件として，売上その他の収入又は資産については，取引日（若しくは取引日の属する月の平均相場及び当該年度の年間の平均値など）の電信買相場（TTB），仕入その他の経費（原価及び損失を含む）又は負債については取引日（若しくは取引日の属する月の平均相場及び当該取引年度の年間の平均値など）の電信売相場（TTS）により換算することができます（所法57の3，所基通57の3-2及び所基通57の3-7）。

3　外国税額控除の適用

（1）外国税額控除と経費算入の選択

海外に保有する賃貸不動産から生じる所得を課税ベースとして課された所得税（国及び地方で課された所得税）の額は，外国税額控除の適用又は経費算入のどちらかいずれかを選択適用することができますが，複数の国外不動産及び不動産以外にも日本国外を源泉とする所得があり，各々，現地で所得税に相当する税金を支払っているケースにおいては，その外国所得税の一部について外国税額控除を適用し，残額を経費算入する，といったことは認められません。こうした選択は暦年ごとに一括して行わなければなりません（所法95）。

（2）間違えやすい事項

海外で生じた所得に課された所得税の額について，外国税額控除制度を適用した翌年度に外国税額控除制度を適用せずに経費算入を選択適用した場合，控除限度超過額又は控除余裕額が繰り越すことができずに打ち切りとなってしまいます。

したがって，外国税額控除制度を適用して控除限度超過額などを繰り越しているときは，翌年以降３年間の海外で発生する所得を見通して，その選択の判断を行うのが望ましいと考えます。

不動産所得

Q6　海外に保有する不動産（不動産所得）の課税の取扱い（2）

CHAPTER 1

私（税理士）は今回，日本国外に保有している賃貸不動産から不動産所得が発生するＡ氏の確定申告書の作成の依頼を受けました。確定申告書の作成に際して留意すべき事項について教えてください。

結論

海外に保有する賃貸不動産（不動産所得）の課税の取扱いの留意すべき事項のうち，減価償却費の計算については，次の３つが挙げられます。

①　国外中古不動産に係る不動産所得の金額が赤字の場合，その赤字のうち中古不動産の建物の減価償却費相当額の損失は生じなかったものとみなす

②　上記①の不動産所得の赤字（建物の減価償却費相当額も含む）は，国外不動産から生ずる所得と損益通算することは可能

③　上記①の適用を受けた不動産を譲渡する場合，譲渡所得の計算上，その生じなかったものとされた建物の減価償却費相当額を不動産の取得価額に含める

解説

1　海外の不動産所得の課税方法

（1）所得税の課税方法

国外中古不動産に係る不動産所得の金額が赤字の場合，その赤字のうち中古不動産の建物の減価償却費（簡便法[(注)]により算定した耐用年数により計算したものに限る）相当額の損失は生じなかったものとみなされます。

なお，国外中古建物の減価償却費を計上するに際して用いる耐用年数につい

て，中古建物の所在地国の法令における耐用年数としていることが明らかな書類その他その年数が適切であることを証する一定の書類等の添付があれば，この適用を受けません。例えば，米国の法令では減価償却費の計算における建物の耐用年数は新築・中古に関わらず27.5年（住宅用），39年（住宅用以外）となっているので，米国での不動産所得に係る所得税申告書が明らかな書類に該当するものと思われます。

（注） 簡便法-中古の減価償却資産の耐用年数

中古の減価償却資産の耐用年数は，法定耐用年数に代えて使用可能期間として見積もった年数によることができ，使用可能期間の見積もりが困難な場合は，次の簡便法により算定した年数によることができます。

イ 法定耐用年数の全部を経過した資産

その法定耐用年数の20%に相当する年数

ロ 法定耐用年数の一部を経過した資産

その法定耐用年数から経過した年数を差し引いた年数に経過年数の20%に相当する年数を加えた年数

(2) 損益通算

上記（1）の不動産所得の赤字（建物の減価償却費相当額も含む）は，他の国外不動産から生ずる所得と損益通算することは可能です。

(3) 減価償却費相当額

上記（1）の適用を受けた不動産を譲渡する場合，譲渡所得の計算上，その生じなかったものとされた建物の減価償却費相当額は，不動産の取得価額から控除する建物の減価償却累計額から除かれます。こうした不動産所得に係る損失がなかったものとされた金額は，確定申告書の収支内訳書（不動産所得用）付表《国外中古建物の不動産所得に係る損益通算等の特例》で管理されます。

2 国外中古建物に係る不動産所得の例示

課税の取扱いを次の例示でみていきます。

▶ 日本居住者（個人）が米国CA州に中古不動産（木造家屋）を3億円で購入

（建物部分：2億円で法定耐用年数の全部を経過，土地部分：1億円）

▶　米国不動産収入：1,200万円

▶　米国不動産減価償却費：2億円÷4年（簡便法により算定した年数）＝5,000万円

▶　米国不動産経費：500万円

▶　米国不動産所得：1,200万円－5,000万円－500万円＝△4,300万円

【課税の取扱い（復興特別所得税は含んでいません）】

なかったものとされる不動産所得の赤字＝4,300万円＜5,000万円

∴ 4,300万円

上記の4,300万円は当該不動産を譲渡した時に，建物の取得価額から控除する減価償却累計額から控除することができます。すなわち，国外に所在する中古不動産から生じた損失でなかったものとされた金額相当額だけ当該不動産の譲渡所得の金額が小さくなります。

3　確定申告書作成上の留意点（付表《国外中古建物の不動産所得に係る損益通算等の特例》の留意点）

不動産所得の付表において，国外不動産に係る不動産所得の計算は不動産所得が赤字になる各々の資産と黒字になる各々の資産ごとに，次のとおり，計算して記載します。

①　収入金額

②　必要経費

③　損失金額又は所得金額を計算して

④　赤字となる各々の資産の必要経費のうち減価償却費の金額を記載し

⑤　上記③の損失金額と④の減価償却費の額のうちいずれか少ない金額を整理すると同時に

⑥　上記③損失金額から上記⑤の金額を控除して損失金額のうち償却費以外の金額を把握します。

⑦　これらの各金額を整理したうえで，上記③の不動産所得の金額の合計額から上記⑥の損失金額のうち償却費以外の金額の合計額を控除します。

⑧　上記④の合計額から上記⑦の金額（赤字の場合はゼロ）を控除して，損益通算できない国外不動産所得の損失の金額を計算します。

上記⑧の金額は，不動産所得に係る減価償却の合計額から控除して残高を収支内訳書（不動産所得用）の減価償却費の欄に記載することで生じなかったものとされ，収支内訳書（不動産所得用）の減価償却費の計算の欄の摘要欄に国外中古建物ごとに損益通算できない不動産所得の損失の金額の累積額を記載します。この累積額として記載した金額の対象となる国外中古不動産を売却した時に，譲渡所得の計算において，譲渡原価となる不動産の取得価額から控除する建物の減価償却累計額から控除します。

不動産所得

Q7 海外に保有する不動産（不動産所得）の課税の取扱い（3）

CHAPTER 1

私（税理士）は今回，日本国外に保有している賃貸不動産から不動産所得が発生するA氏の確定申告書の作成の依頼を受けました。確定申告書の作成に際して留意すべき事項について教えてください。

結 論

海外に保有する賃貸不動産（不動産所得及び譲渡所得）の課税の取扱いの留意すべき事項のうち，不動産の保有形態について，日本に存在しない団体・事業体・日本以外の国の税法上，課税上存在しないものなどを通じて取得する所得の取扱いが挙げられます。

解 説

1　外国事業体に関する課税上の取扱い

(1) 米国 Limited liability company（LLC）に係る税務上の取扱い

米国LLCは米国の税務上，事業体（LLC）ごとに，法人課税を受けるか又はその出資者（メンバー）を納税主体とするいわゆるパススルー課税を受けるかの選択（チェックザボックス）が認められています。

国税庁ホームページにおいて，米国LLCに係る税務上の取扱いとしてLLCの出資者を納税主体とするパススルー課税を選択していても，次のことを理由として原則として法人（外国法人）として取扱うのが相当としています。

▶ LLCは商行為をなす目的で米国の各州のLLC法に準拠して設立された事業体であること

▶ 事業体の設立に伴いその商号等の登録（登記）が行われること

▶ 事業体自らが訴訟の当事者等になれるといった法的主体となることが認められること　など

したがって，LLC を通じて保有する米国所在の不動産から生ずる所得は，LLC の出資者である個人又は法人が米国の税務上，パススルー課税を選択していても，個人又は法人の不動産所得又は譲渡所得として申告する必要はなく，その LLC に帰属する損益となります。

(2) 米国 COOP（Cooperative Apartment：住宅共同組合）に係る税務上の取扱い

米国 COOP に関しては，日本の法令上明文規定はないものの，次の理由から，パススルー課税として取扱うのが相当と考えます。

① 米国 COOP の概要

米国 NY 市の都心部の区分所有家屋の所有形態はいわゆる分譲マンション型のコンドミニアムと，入居審査が厳しく不動産の使用にも条件が付く COOP 型に大別されます。40 年以上前に建築された区分所有家屋の大部分は，低中所得者向けの住宅の供給などを目的とする歴史的経緯から COOP による所有形態が一般的だといわれています。

② COOP 株主の権利と義務

COOP は，Cooperative Apartment の略で，その管理支配は COOP に係る会社法と超長期の賃貸借契約を通じて，COOP の株主から選任された取締役から構成される取締役会により運営されます。COOP の購入者は不動産の区分所有家屋に係る証書を受け取ることはなく，不動産を保有する法人（COOP）の区分所有家屋の大きさに応じた株式を取得して，通常，99 年間の長期にわたり賃借権を取得します。すなわち COOP の株式の所有者は COOP 法人の株式の所有権を通じた不動産の共同所有者としての地位（取締役会の同意を条件として株主の個人的ローンの担保とすることも可能）と超長期の不動産の賃借権を有する賃借権者の地位（各々の居室は取締役会の同意を得ることを条件としてサブリースすることができます）を有することになります。

また，COOP の定款には，不動産の貸主としての法人と借主として賃借人／

株主の関係性，賃借人／株主は不動産に対する維持管理費（固定資産税，火災保険料，修繕費，水道光熱費及びドアマンの給料の支払など）を毎月，支払う義務などが定められ，これを遵守する義務を株主が負います（こうした支出は，米国税務上，株主の経費として所得控除として比例按分できます）。

このようにCOOPは株主のために不動産の維持運営を行う組織であり，会社の定款により統治を行い，通常の法人と同様に火災保険等の契約の当事者やドアマンなどの従業員を雇うことなどで不動産の安定的な維持管理に関与していきます。

③　COOPの米国税務上の取扱い

COOPは，税務上，損益の帰属主体となることはなく，不動産の固定資産税，火災保険料などの維持管理費は，COOP株主の経費として所得控除として比例按分することが認められています。

④　COOPの日本の所得税法への当てはめ

米国の法令上，COOPの目的は不動産の安定的な維持管理にあり，不動産の維持管理に関する契約の当事者となることがあっても，所得を課税標準とする損益の帰属主体となることはありません。

また，COOPは米国のLLCと異なり商行為をなす事業体ではなく，米国の税務上，法人課税又は出資者が課税（パススルー課税）の選択できる制度の適用もありません。こうした設立根拠・趣旨及びCOOPの株主となる目的が不動産を99年間賃貸借できる権利（賃貸借期間の更新も可能）を得ることなどから，日本の法令上，明文規定はないもののパススルー課税として取り扱うのが相当と考えられます。

なお，COOPが日本の税務上，パススルー課税ではなく，外国法人として取り扱われる場合は，COOPの出資である個人又は法人がCOOPの居室を賃貸して所得を得ていても，当該所得は外国法人の日本国外源泉所得に該当するため，日本で申告する必要はなく，当該個人又は法人がCOOP株式を売却して売却益が発生しているときに，外国株式（一般）として申告することになります。

(3) 米国LLCに係る税務上の留意点

LLCは日本の税務上，外国法人とみなされるため，そのLLCが外国子会社合算税制（タックスヘイブン対策税制）のペーパーカンパニー判定における実体基準又は管理支配基準のいずれも満たさないときは，LLCの出資者である個人又は法人は，その不動産所得を日本で雑所得として総収入金額又は合算所得として法人税の課税標準に含めて申告する必要が生じます。不動産所得が赤字となっている場合は，外国子会社合算税制に係る赤字の繰越に係る明細書を作成して確定申告書に添付します（外国子会社合算税制の詳細は「Q8　海外に保有する不動産（不動産所得）の課税の取扱い（4)」を参照)。

不動産所得

Q8 海外に保有する不動産（不動産所得）の課税の取扱い（4）

CHAPTER 1

私（税理士）は今回，米国のLLCを通じて保有している賃貸不動産から不動産所得が発生するA氏の確定申告書の作成の依頼を受けました。確定申告書の作成に際して留意すべき事項について教えてください。

結 論

A氏が米国LLCを通じて有する不動産について不動産所得が発生している場合，そのLLCが外国子会社合算税制（タックスヘイブン対策税制）のペーパーカンパニーの判定における実体基準又は管理支配基準のいずれも満たさないときは，LLCで発生した不動産所得を日本で雑所得として総収入金額に含めて申告する必要が生じます。不動産所得が赤字となっている場合は，外国子会社合算税制に係る赤字の繰越しに係る明細書を作成して確定申告書に添付することなどが挙げられます。

解 説

1 外国子会社合算税制の概要

(1) 概要

外国子会社合算税制は，日本の親会社などの株主が税率の低い国・地域にある関係会社（居住者や内国法人により株式等の50%を直接及び間接に保有される外国法人など）を利用した租税回避を防止するために設けられ，外国子会社合算税制が適用されると，その外国関係会社の所得は株主である日本の親会社・個人の株式の保有割合に応じて，親会社・個人（外国関係会社の株式等を直接及び間接に10％以上を保有）の所得に合算して課税する制度をいいます。

（2）外国子会社合算税制の適用関係

外国子会社合算税制の適用関係

外国関係会社の租税負担割合	判定基準	合算課税の範囲
30％以上	適用なし	適用なし
20％以上30％未満	①　ペーパーカンパニー ②　キャッシュボックス ③　ブラックリスト のいずれかに該当する場合	会社単位の合算課税
20％未満	経済活動基準のいずれかを満たさない場合	会社単位の合算課税
	経済活動基準の全てを満たす場合	受動的所得に対する部分合算課税

ペーパーカンパニーとは，次のどちらの要件も満たさない外国関係会社をいいます（措法66の6②二ロ）。

▶　主要な事業を行うために必要と認められる事務所，店舗，工場等の固定施設があること

▶　本店所在地国において事業の管理，支配及び運営を自ら行っていること

米国のLLCは，一般的に20％以上30％未満の租税負担割合（米国連邦税＋州税の合計）に区分され，当該LLCが実体のないペーパーカンパニーなどに該当する場合，日本の株主は会社単位の合算課税の適用を受けることになります。

合算課税の適用を受ける場合，当該LLCの所得をLLCの会計度末日から2カ月後に発生したA氏の所得として認識して確定申告する必要があります。訴訟社会の米国にあっては，倒産隔離などの目的のためにLLCという事業体が利用され，こうした事業体は事業を行うに必要と認められる事務所や事業の管理・運営を自ら行っていないケースが多く留意する必要があります。

ところで，Q7で紹介したCOOPが日本の税務上，外国法人として取り扱われたとしても，その運営はCOOPの株主から選任された取締役から構成され

る取締役会によって行われるため，前述の外国子会社合算税制の管理支配基準を充足し，また，一のCOOP法人の株式の50%超が日本の居住者である個人又は法人に保有されているケースは極めて稀であると考えられるめ，外国子会社合算課税の判定におけるペーパーカンパニーや外国関係会社の範囲に該当することもなく合算課税の適用を受けることもないと考えられます。

譲渡所得

Q9 海外に保有する不動産（譲渡所得）の課税の取扱い（1）

CHAPTER 1

私（税理士）は今回，日本国外に保有している不動産を売却して譲渡所得が発生するＡ氏の確定申告書の作成の依頼を受けました。確定申告書の作成に際して留意すべき事項について教えてください。

結 論

Ａ氏が海外に保有する不動産を譲渡して譲渡所得が発生している場合，当該譲渡に関わる課税の取扱いのうち留意すべき事項として，次の３つが挙げられます。

① 不動産の譲渡原価のうち土地（又は借地権等）と建物部分の区分（按分）

② 外国税額控除制度の正しい適用

③ 一定の居住用財産の譲渡の特例の適用の可否

解 説

1 不動産の譲渡所得に関する課税

（1）概要

土地や建物の譲渡所得に対する税金は他の所得と区分して計算し（分離課税），譲渡した不動産の保有期間が売った年の１月１日現在で，５年超か否かにより長期譲渡所得又は短期譲渡所得に分類され，適用する税率が異なります。

分離課税の譲渡所得の課税対象には，土地のほか，借地権や耕作権など土地のうえに存する権利を含み，海外に所在する土地や建物も含みます。

(2) 譲渡所得金額の計算方法

譲渡価額－(取得費[注1]＋譲渡費用[注2])－特別控除額[注3](一定の場合)
＝譲渡所得額

(注1) 売った土地や建物を買い入れたときの購入代金（建物は減価償却費相当額を控除します）や仲介手数料などの合計額（実際の取得費の金額が譲渡価額の5％に満たない場合は，譲渡価額の5％相当額を取得費として計算することができます）。

(注2) ①仲介手数料，②測量費など土地や建物を売るために直接要した費用，③貸家の売却に際して支払った立退料，建物を取り壊して土地を売ったときの取壊費用など。

(注3) 収用などの場合：最高5,000万円
居住用不動産の売却益の場合：最高3,000万円

(3) 税額の計算

課税譲渡所得金額に税率を掛けて税額を計算します。

税率は，「長期譲渡所得」又は「短期譲渡所得」に該当するかによって，以下の表のように異なります。

土地や建物を売った年の1月1日現在で，その土地や建物の所有期間が5年を超える場合は「長期譲渡所得」，5年以下の場合は「短期譲渡所得」となります。

区分	所得税	住民税
長期譲渡所得	15％	5％
短期譲渡所得	30％	9％

復興特別所得税として各年分の基準所得税額の2.1%がプラスされます。

2　不動産の取得価額の按分（減価償却費の問題）

土地・建物の不動産売買の際，海外にあっても販売金額が総額のみで契約書に書かれていることが多く，取得価額の総額から不動産の買主は土地と建物の正確な金額を確定させる必要があります。なぜなら，建物に相当する金額を基

に減価償却費を計上し，譲渡時までの減価償却累計額を建物の取得価額から控除して譲渡原価を計算する必要があるからです。日本国内における不動産売買契約であれば，売買契約書に土地と建物の金額が明記されていない場合に，消費税の記載があればその消費税から建物金額を割り出せるのですが，消費税の記載がない場合には，土地と建物を時価の割合によって区分することになります。

消費税法の規定には，建物と土地を一括譲渡した場合，建物代金が区分されていないときは，譲渡代金を以下の方法等により土地と建物部分に合理的に区分した金額によることができるとされています（消令45③，消基通10-1-5）。

① 譲渡時における土地及び建物のそれぞれの時価の比率による按分

② 相続税評価額や固定資産税評価額を基にした按分

③ 土地，建物の原価（取得費，造成費，一般管理費・販売費，支払利子等を含む）を基にした按分

したがって，海外不動産の取得価額の土地と建物の区分計算を行う場合に，上記②に準じて，現地の固定資産税に相当する税額の計算に使用する評価額について土地の固定資産税評価額と建物の固定資産税評価額の比で按分する方法を検討することも合理的と考えられます。しかし，海外の固定資産税の評価額の中には，日本と異なり評価を行う期間が統一的に決められておらず，各自治体によってその取扱いが異なっている場合もあり，地域によって長期間，評価替えが行われないというところも存在するケースが見受けられます。

その場合，海外不動産の取得価額の土地と建物の区分計算の土地と建物の割合が実勢の価格と乖離するケースが生じて，不動産所得の計算（減価償却費の計算），譲渡原価の計算について税務リスクが生じることもあるので注意が必要です。

3　外国税額控除制度の適用

（1）制度の概要

海外不動産の譲渡に係る所得について現地で課された所得税の額は，日本で

確定申告時に外国税額控除の適用を受けることができます。この時，外国税額控除が適用できるのは，外国所得税を納付することとなる日の属する年度になります。

納付することとなる日とは，申告，賦課決定等により，具体的にその納付すべき租税債務が確定した日となります（所法95①，所基通95-3)。

所得が発生した年度の翌年度に租税債務が確定する場合は，所得が発生した年度の確定申告で，外国税額控除について控除限度額を計算し，それを控除余裕額として翌年度に繰り越す明細書を作成します。

(2) 制度適用時に間違えやすい留意点

海外不動産の売却に係る対価の支払時に不動産の買い手が，当該支払対価に一定の税率を乗じて所得税を源泉徴収するケースがあります。

例えば，米国の不動産売買では法令上，不動産の買い手が支払対価の10%相当額を現地所得税として源泉徴収しています。不動産の売り手は，不動産所得を計算して，源泉徴収された所得税は所得税の前払いとして翌年の4月15日までに米国の所得税確定申告を行い，差額の納付又は還付を受けることになります。

このとき，不動産を売却した年度に源泉徴収された10%相当額を納付した外国所得税として外国税額控除の適用を受けるものの，米国確定申告において計算した外国所得税の額が源泉徴収された額より少なく還付を受けるケースが挙げられます。

このように外国所得税の額が減額された場合には，その減額されることとなった日の属する年において納付することとなる外国所得税の額から，その減額された外国所得税の額に相当する金額を控除し，その控除後の金額につき外国税額控除を適用します。

米国で確定申告を行うことにより外国所得税の額が減額された場合，その後に行う次の処理を失念しないよう留意する必要があります。

①　減額に係る年に納付外国所得税額がない場合又は納付外国所得税額が減額外国所得税額に満たない場合

減額に係る年の前年以前3年内の各年の控除限度超過額から控除します。

②　減額に係る外国所得税額のうち上記①の調整に充てられない部分の金額がある場合

その金額を減額に係る年分の雑所得の金額の計算上，総収入金額に算入します。

4　居住用財産の譲渡の特例の適用の可否

(1) 居住用財産の譲渡の特例の概要

居住用財産を売却したときは，所有期間の長短に関係なく譲渡所得から最高3,000万円まで控除ができる特例があります。

これを，「居住用財産を譲渡した場合の3,000万円の特別控除の特例」といいます。

特別控除の特例の適用を受けるための要件は，次のとおりとなります。

①　自分が住んでいる家屋を売るか，家屋とともにその敷地や借地権を売ること。なお，以前に住んでいた家屋や敷地等の場合には，住まなくなった日から3年を経過する日の属する年の12月31日までに売ること

(注)　住んでいた家屋又は住まなくなった家屋を取り壊した場合は，次の2つの要件全てに当てはまることが必要。

イ　その敷地の譲渡契約が，家屋を取り壊した日から1年以内に締結され，かつ，住まなくなった日から3年を経過する日の属する年の12月31日までに売ること

ロ　家屋を取り壊してから譲渡契約を締結した日まで，その敷地を貸駐車場などその他の用に供していないこと

②　売った年の前年及び前々年にこの特例又はマイホームの譲渡損失についての損益通算及び繰越控除の特例の適用を受けていないこと

③　売った年，その前年及び前々年にマイホームの買換えやマイホームの交換の特例の適用を受けていないこと

④　売った家屋や敷地等について，収用等の場合の特別控除など他の特例の適用を受けていないこと

⑤　災害によって滅失した家屋の場合は，その敷地を住まなくなった日から3年を経過する日の属する年の12月31日までに売ること

⑥　売手と買手が，親子や夫婦など特別な関係でないこと

(2) 海外不動産への当てはめ

上記の要件をみるとおり，居住用財産の譲渡の特例は日本に所在する不動産に限定されているわけではないので，例えば，日本から海外へ赴任して駐在中に現地で居住用の不動産を購入・居住していたケースで，日本に帰任後に3年以内に売却すれば，譲渡の特例の適用を受けることが可能です。

譲渡所得

Q10 海外に保有する不動産（譲渡所得）の課税の取扱い（2）

CHAPTER 1

私（税理士）は今回，次のとおり，米国のNY市に保有している不動産を売却して譲渡所得が発生するA氏の2022年度の確定申告書の作成の依頼を受けました。確定申告書の作成に際して留意すべき事項について教えてください。

① 2005年8月に居住用区分所有家屋（鉄筋コンクリート造）を200万米ドルで購入し，現地の非営利団体に無償で貸与していました。

② 2022年7月に上記①の家屋を800万米ドルで売却し，不動産の買い手（仲介業者）から80万米ドルの米国所得税が源泉徴収されています。

③ 上記②の不動産の売却時にTransfer taxとして14万5,000米ドルが不動産の売買仲介業者から徴収されています。

④ 取得及び売却に関わる経費の支出はゼロと仮定します。

結 論

A氏が米国NY市に保有する不動産を譲渡して譲渡所得が発生している場合，当該譲渡に関わる課税の取扱いのうち留意すべき事項として，次の3つが挙げられます。

① 不動産の譲渡原価のうち建物部分の減価償却累計額の把握

② 外国税額控除制度の正しい適用（譲渡対価からの源泉徴収）

③ 不動産譲渡に係る米国現地の課税制度の確認（連邦税・州税・市税）

解 説

1　不動産の譲渡原価のうち建物部分の減価償却累計額の把握

(1) 概要

譲渡所得の金額は，土地や建物を売った金額から取得費と譲渡費用を差し引いて計算します。取得費は，土地の場合，買い入れたときの購入代金や購入手数料などの合計額となりますが，建物の場合には，その建物の建築代金や購入代金などの合計額がそのまま取得費になるわけでなく，保有期間中の減価償却費相当額を差し引く必要があります。この減価償却費相当額の計算は，譲渡した不動産を事業の用に供していたか否かにより，次のとおり異なります。

① 事業に使われていた場合

建物を取得してから売るまでの毎年の減価償却費の合計額になります。

「国外中古建物の不動産所得の損益通算等の特例」の適用を受けた国外中古建物を売った場合には，この建物の毎年の減価償却費の合計額からこの特例により生じなかったものとみなされた損失に相当する部分の金額の合計額を控除した金額となります。

② 事業に使われていなかった場合

建物の耐用年数の1.5倍の年数（1年未満の端数は切り捨て）に対応する旧定額法の償却率で求めた1年当たりの減価償却費相当額にその建物を取得してから売るまでの経過年数を乗じて計算します。

具体的には，次の算式により計算します。

建物の取得価額×0.9×償却率×経過年数＝減価償却費相当額

▌非業務用建物の償却率

区分	木造	木骨 モルタル	（鉄骨）鉄筋 コンクリート	金属造①	金属造②
償却率	0.031	0.034	0.015	0.036	0.025

「金属造①」…軽量鉄骨造のうち骨格材の肉厚が3ミリメートル以下の建物
「金属造②」…軽量鉄骨造のうち骨格材の肉厚が3ミリメートル超4ミリメートル以下の建物
経過年数の6カ月以上の端数は1年とし，6カ月未満の端数は切り捨て
建物の取得価額の95％を限度
(所法33，38，所令85及び措法41の4の3)

(2) 建物の取得価額の把握

売却した不動産の購入時の契約書には，購入価額について，特に建物と土地の按分の記載もなく，不動産の購入から売却まで賃貸の用に供することもなかったため，A氏の知るところではありませんでした。

NY現地で不動産の鑑定評価を行い，按分計算を行うのが最も望ましい方法と考えられますが，今回はNY市の固定資産税の評価額のうち譲渡前過去3年間の土地（Land）と建物（Building）の評価額を合計して，その3年間の平均の按分割合である80％を用いて（NY市のホームページで不動産購入前後の固定資産評価額をデータベースで確認可能であれば，当該按分割合も合理的と考えられます），上記（1）の非業務用の不動産の例にならい，減価償却累計額を計算しています。

① 建物部分の取得価額：2,000,000米ドル×80％＝1,600,000米ドル
② 減価償却累計額：1,600,000×0.9×0.017×（経過年数＝17年）＝416,160ドル
③ 譲渡原価：2,000,000－416,660＝1,583,840米ドル

2　外国税額控除制度の正しい適用（譲渡対価からの源泉徴収）

(1) 概要

米国の法令上，米国の非居住者が米国に所在する不動産を売却する場合には，原則として売却金額の 15% が不動産の購入者から源泉徴収されます。

なお，購入者が米国の居住者で一定の要件を満たす場合には，当該源泉徴収税額は 10% 又は 0% に軽減されます。

Q9 の 3 (2) で記載のとおり，米国所在の不動産の売却に関連して不動産の売り手は，不動産所得を計算して，源泉徴収された所得税は所得税の前払いとして翌年の 4 月 15 日までに米国の所得税確定申告を行い，差額の納付又は還付を受けることになります。

(2) 日本の所得税確定申告の留意点

日本の確定申告の期限は米国より早い翌年の 3 月 15 日までとなります。

したがって，日本の確定申告で外国税額控除の適用を受ける基となる米国所得税の額は，前記のとおり源泉徴収された 80 万ドルとなります。

けれども，米国確定申告において計算した外国所得税の額が源泉徴収された額より少なく還付を受ける場合には，その減額されることとなった日の属する年において納付することとなる外国所得税の額から，その減額された外国所得税の額に相当する金額を控除し，その控除後の金額につき外国税額控除を適用します。

そうして，減額に係る年に納付外国所得税額がない場合等には，減額に係る年の前年以前 3 年内の各年の控除限度超過額から控除し，減額に係る外国所得税額のうち上記の調整に充てられない部分の金額がある場合には，その金額を減額に係る年分の雑所得の金額の計算上，総収入金額に算入する必要があります。

あるいは，米国の確定申告で，追加で納付することとなった場合（連邦所得税及び州税）には，その納付することとなった年度に係る確定申告で外国税額控除の適用を受けることになります。なお，この追加で支払った 2023 年度の外国所得税額が 2023 年度の控除限度額を超える場合には，その増額に係る前年度（米国不動産を売却した2022年度）の繰越控除限度額があるときは，その繰越控除限度超過額を限度として外国税額控除を適用します。

3　不動産譲渡に係る米国現地の課税制度の確認（連邦税・州税・市税）

（1）所得を課税標準として課される税

不動産の譲渡所得を課税標準として課される米国の所得税には，連邦所得税と州税に区分され，いずれも日本における外国税額控除の対象となります。

(2) 地方公共団体により課される税で不動産の移転を課税対象とする税

NY州及び市は不動産の売却（NY市は不動産を主たる財産とする株式の売却も）に関して，Transfer taxを課しています。

NY市にあっては売却対価の1%〜1.425%，NY州にあっては0.4%〜0.65%の税率で課税を受けますが，所得を課税標準としないため，日本の確定申告にあっては，外国税額控除の適用は受けず，譲渡に係る経費として所得から差し引くことになります。

譲渡所得

Q11 海外に保有する不動産（譲渡所得）の課税の取扱い（3）

CHAPTER 1

私（税理士）は今回，次のとおり，英国のロンドン郊外に保有している不動産を売却して譲渡所得が発生するC氏の2022年度の確定申告書の作成の依頼を受けました。

確定申告書の作成に際して留意すべき事項について教えてください。

① 2008年7月に居住用区家屋（レンガ造）を80万英ポンドで購入以降，現地でC氏の居住用住宅として使用していたものの，2019年10月に英国人の夫と離婚後，日本に帰国し，2020年1月以降は当該不動産を賃貸の用に供していました。

② 2022年7月に上記①の家屋を150万英ポンドで現地の英国人に売却しています。

③ 上記①の不動産の権利はleaseholdと呼ばれる不動産賃借権となっており，購入時に新たに99年間の期間が設定されていました。

なお，取得及び売却に関わる経費の支出はゼロと仮定します。

結論

本ケースのC氏が英国ロンドン郊外に保有する不動産を譲渡して譲渡所得が発生している場合の当該譲渡に関わる課税の取扱いのうち留意すべき事項として，次の3つが挙げられます。

① 不動産の譲渡原価のうち建物部分の減価償却累計額の把握

② 不動産賃借権（leasehold）の整理

③ 不動産譲渡に係る課税の特例制度の適用の判定

解 説

1　不動産の譲渡原価のうち建物部分の減価償却累計額の把握

譲渡所得の金額は，Q9の1（1）の概要で記載のとおり，土地や建物を売った金額から取得費と譲渡費用を差し引いて計算しますが，建物の場合には，保有期間中の減価償却費相当額を差し引く必要があります。この減価償却費相当額の計算は，譲渡した不動産を事業の用譲渡した不動産を事業の用に供していたか否かにより異なります。

本事例のケースでは，事業の用に供していなかった2008年7月～2019年12月までは建物の耐用年数（住宅用でレンガ造なので38年）の1.5倍の年数（1年未満の端数は切り捨て）に対応する旧定額法の償却率で求めた1年当たりの減価償却費相当額にその建物を取得してから売るまでの経過年数を乗じて計算した金額と2020年1月から売却する2022年7月までの期間は38年の償却率を乗じて計算した金額の合計額となります。

ところで，上記①の不動産の権利はleaseholdと呼ばれる不動産賃借権となっているため，不動産購入時の契約書で建物と不動産の賃借権の価額が各々記載されているケースを除き，取得価額の按分をどのように行うかが問題となります。現地で不動産の鑑定評価を取得するのが最も税務上のリスクが低く賢明といえます。というのも，英国にも日本の固定資産税と同様に不動産を課税標準とするカウンシルタックスやstamp duty（印紙税）という制度があるものの，米国のケースと異なり，不動産の建物及び土地（借地権）の各々の評価額が確認できる制度・内容となっていないためです。

2　不動産賃借権（leasehold）の整理

（1）概要

英国には，土地を所有するための権利には，フリーホールド（freehold）と呼ばれる所有権と，リースホールド（leasehold）と呼ばれる不動産賃借権があります。

フリーホールド（Freehold）は不動産の所有形態の一つで，土地や建物を所有する権利を永久的に有しており，日本でいうところの「所有権」の概念に近いといえます。一方，リースホールド（Leasehold）は，土地や建物のフリーホールド権を個人や法人が所有しているものの，その物件を49年，99年，199年などと一定期間を定めて賃借できる権利をいいます。

(2) 権利と責任

リースホールド（Leasehold）権者の責任として，freehold 権者に不動産の改修には事前に許可，不動産の維持費用及び修繕費を支払う必要があります。権利として，freehold 権者に不動産の維持費用の支払などの明細の情報の開示を要求する権利があります。

また，leasehold の取得時に契約した期間内であれば，当該 leasehold 権をいつでも売買することができます。

3　不動産譲渡に係る課税の特例制度の適用の判定

(1) 居住用財産の譲渡の特例（措法 35 ①）

居住用財産を譲渡したときは，所有期間の長短に関係なく譲渡所得から最高3,000 万円まで控除ができる特例があります。これを，「居住用財産を譲渡した場合の 3,000 万円の特別控除の特例」といいます。

【特例の適用を受けるための要件】

▶　自分が住んでいる家屋を売るか，家屋とともにその敷地や借地権を売ること。なお，以前に住んでいた家屋や敷地等の場合には，住まなくなった日から 3 年を経過する日の属する年の 12 月 31 日までに売ること

▶　売った年，その前年及び前々年に他の不動産の譲渡の特例などの適用を受けていないこと

▶　売手と買手が，親子や夫婦など特別な関係でないこと

(2) 本事例への特例の当てはめ

本事例では，C 氏は 2008 年 7 月に leasehold（不動産賃借権）を取得した後，

日本に帰国する2019年12月まで居住者の用に供しており，2020年1月以降は事業の用に供しているなかで，2022年7月に売却しています。

そうすると，上記（1）の特例を受けるための要件である「以前，住んでいた家屋や借地権を住まなくなった日から3年を経過する日の属する年の12月31日までに（2022年12月31日）現地の英国人に売却しているので，3,000万円の特別控除の適用を受けることができます。

居住用財産（所有期間が10年超）を譲渡した場合の長期譲渡所得の課税の特例（措法31の3）の要件と異なり日本国内の不動産に限定されません。

なお，本特例の適用を受けるに際して，英国にはそもそも日本の住民基本台帳という公式な入居，転居の登録を行う制度がないため，C氏が当該不動産に居住していた事実を明らかにする書類として，銀行や住宅金融組合，信用金庫からの明細書，光熱費の請求書，カウンシルタックス（固定資産税のようなもの）の請求書を添付するのが望ましいと考えます。

譲渡所得

Q12 中国の不動産を譲渡した場合の中国での課税

CHAPTER 1

日本に住む日本人が中国に不動産や，非上場会社の出資金を有していて，それを売却した場合には中国での課税は生じるのでしょうか？

結論

① 不動産を売却した場合，中国では不動産が居住する住宅かどうかにより課税関係が異なります。居住する住宅である場合は土地増値税の課税はありませんが，それ以外である場合は譲渡所得に対する個人所得税のほか，土地増値税が課税されます。

② 中国の非上場企業の出資金を売却した場合，譲渡所得に対する個人所得税が課税されます。

③ 財産所有者が日本の所得税法上の居住者の場合は，当該譲渡所得は国外源泉所得として日本でも課税されます。

解説

1 不動産の売却

中国の不動産を譲渡した場合には，主な税金として以下の税金が課税されます。しかし，5年以上保有している居住用の建物を譲渡した場合は免税となります。

① 個人所得税（財産譲渡所得）

（収入額－取得価額－経費）×税率20%

② 増値税

所有期間2年未満……譲渡収入×税率5%

所有期間２年以上……免税

③　土地増値税―居住用不動産の場合は除外―

土地増値税という非常に高率の税率が課税される税金がありますが，これは居住用不動産の譲渡の場合は免税となります。これは過度な投機目的の不動産売買を抑制するといった目的の税金であるため，居住用不動産の売買には適用しないという趣旨のためと思われます。

2　非上場企業の出資金の売却

非上場企業の出資金の売却を行った場合，個人所得税が課税されます。

(収入額－取得価額－譲渡費用)×20%

なお，中国では株式会社は一定以上の規模等の要件を満たしていなければ設立できないため，個人が通常所有している中国の非上場企業の持分は有限公司の出資金になります。

3　相続税（中国には相続税はない）

上記１，２とも相続による取得の場合，相続税は制度自体がありませんので課税されません。ただし，相続した不動産又は出資金について相続後に譲渡をした場合には，相続人が被相続人の取得価額を引き継ぎ，当該金額を取得価額として計算した譲渡所得に基づいて個人所得税が課税されることになります。

イメージ図

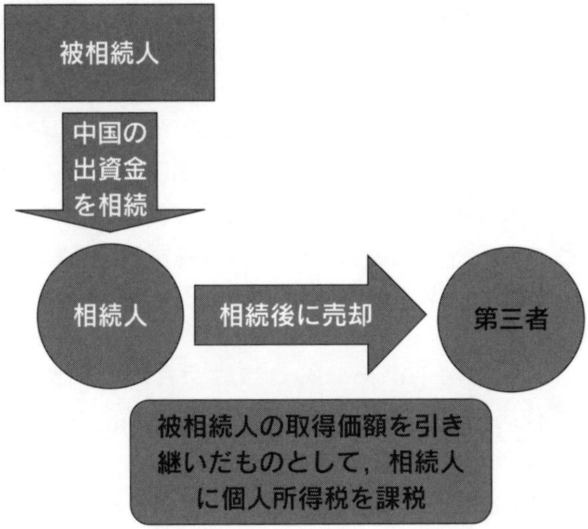

4　日本の所得税・相続税の課税

財産所有者が日本人の場合，所得税法上日本の居住者に該当すれば国外源泉所得として譲渡所得に対して日本の所得税が課税されることになります。また，相続税については，相続人が国外財産も課税される属性の場合，中国の不動産も日本の相続税の課税対象になります。

Q13 外国子会社合算税制に関わる留意点（1）

Q8で日本の法人・個人が株主として税率の低い国・地域にある関係会社（居住者や内国法人等により株式等の50％を直接及び間接に保有される外国法人など）の株式等を直接及び間接的に10％以上を保有していると，その外国関係会社の所得は株主である日本の法人・個人（居住者）の課税標準・所得（雑所得）として総収入金額に含まれることは理解しました。

ところで，私（税理士）が最近，関与することとなった事業会社（日本法人）の代表取締役Ａ氏（株主）が，３年前に香港法人Ｂ社の株式（100％）を取得（売買）している旨の説明がありました。

私が顧問税理士として留意すべき事項について教えてください。

なお，Ｂ社の概要は次のとおりです。

① 香港法人は中国の関係会社から製品を仕入れて，その仕入れた製品の大部分を第三者に販売している。

② 香港法人は現地で従業員を５名雇用して事務所も賃借しています。

③ 香港法人の取締役の数は日本法人の代表取締役（日本居住者）と現地で採用した取締役の２名で，株主総会等の開催は，書面決議で形式的に開催場所は日本としています。

結論

香港の法定税率は20％未満のため，Ｂ社が外国子会社合算税制の経済活動基準（事業基準，実体基準，管理支配基準，所在地国基準／非関連者基準）の全てを満たさないと，Ｂ社の所得をＢ社の株式を100％保有するＡ氏の雑所得として合算課税を受けることになります。

経済活動基準うち，B社の概要から管理支配基準が充足しているか否かの判断の材料が不足しているため，A氏からB社の事業活動の実態を詳しくヒアリングする必要がありますが，外国子会社合算税制の適用を受ける場合には，外国関係会社の株主が法人，個人の場合に応じて，その取扱いが大きく異なります。株主が個人の場合，法人の株主と比較して，税務上，大きく不利となるため，A氏が有するB社の株式はA氏が株主である日本法人などへ早急に移転するのが望ましいと考えます。

ポイント

▶ 法定税率20％未満の国・地域にある外国関係会社は合算課税の適用を受ける可能性があります。

▶ 経済活動基準のうち管理支配基準を充足するか否かの判断が課税庁と議論になりやすい論点といえます。

▶ 外国子会社合算課税の適用を受ける場合，個人株主の税務上の取扱いは法人株主と比較して，税務上，圧倒的に不利といえます。

解 説

1　外国関係会社と納税義務者の範囲

(1) 外国関係会社の範囲

居住者や内国法人並びに特殊関係非居住者(注)により株式等50％超を直接及び間接に保有される外国法人，株式等を保有していなくても居住者・内国法人との間に，内国法人等が外国法人の残余財産の概ね全部について分配を請求する権利や外国法人の財産の処分の方針の概ね全部を決定することができる契約などが存在するなど，実質的に支配関係がある外国法人が範囲に含まれます。

(注)　特殊関係非居住者とは，居住者の親族等及び内国法人の役員等をいいます。納税義務者の範囲と異なり，居住者，内国法人が外国法人の株式を保有しているか否か

は関係しません。下記の図ではＡ氏が特殊関係非居住者になります。

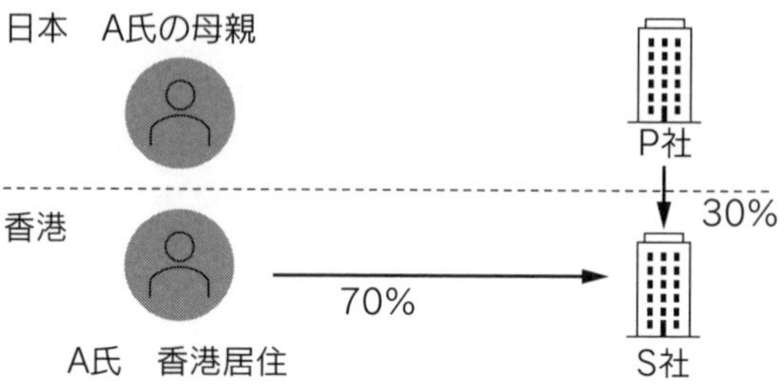

（2）納税義務者の範囲

外国関係会社の株式等を直接及び間接に10％以上保有する内国法人又は居住者又は同族株主グループに属する内国法人又は居住者，居住者又は内国法人と外国法人との間に，その居住者又は内国法人がその外国法人の残余財産の概ね全部を請求することができる等の関係がある場合の居住者又は内国法人が範囲に含まれます。

2　管理支配基準（経済活動基準）の概要

（1）管理支配基準の論点

経済活動基準（旧適用除外基準）として管理支配基準が規定されたのは，「日本に所在する親会社等から独立した企業として実体を備えているというためには，事業の管理，支配及び運営という機能面からみて独立性を有している必要がある」との考え方に基づくもの，と整理できます。

その機能面として，次の論点が挙げられます。

▶　株主総会の開催場所

▶　取締役会の開催場所

▶　事業計画の策定が行われている場所

▶　会計帳簿の作成・保管

▶　その他

（a）営業活動の状況，（b）経営の関与状況，（c）決済・資金の管理状況及

び（d）取締役に対する報酬の支払の状況

(2) 管理支配基準充足の判定のポイント

その事業の管理，支配及び運営を本店所在地国において行っているかどうかの判定は，租税特別措置法通達66の6-8において，「外国関係会社の株主総会及び取締役会等の開催，事業計画の策定等，役員等の職務執行，会計帳簿の作成及び保管等が行われている場所並びにその他の状況を総合的に勘案の上行うことに留意する」と規定しています。例えば，外国関係会社の株主総会の開催が本店所在地国以外の場所で行われていたとしても，そのことだけでは，当該外国関係会社が管理支配基準を満たさないことにはならないことになる，と解説しています（措通66の6-8の解説2）。

また，自ら事業の管理，支配等を行っていることの意義に関しては，租税特別措置法通達66の6-7において，「その事業の管理，支配及び運営を自ら行っていることとは，外国関係会社が，当該外国関係会社の事業計画の策定等を行い，その事業計画等に従い裁量をもって事業を執行することであり，これらの行為の結果及び責任が当該外国関係会社に帰属していることをいうのであるが，次の事実があるとしてもそのことだけでこの要件を満たさないことにはならないことに留意する，と規定しています。

① 当該外国関係会社の役員が当該外国関係会社以外の法人の役員又は使用人を兼務していること

② 当該外国関係会社の事業計画の策定等に当たり，親会社等と協議して，その意見を求めていること

③ 当該事業計画等に基づき，当該外国関係会社の業務の一部を委託していること

このように，外国関係会社の事業に対する株主等の管理・支配が実態から見てとれ，その独立性が低いものであるか否かを，上記（1）の各論点ごとに説明できる状態が望ましいと考えます。

本事例にあっては，香港現地で事業を経営管理する役員1名と従業員を5名雇用していることから，現地で独立企業として事業経営・管理を主体的に行っ

ていることが概観的に確認できます。また，日本居住者である取締役に対して香港法人から役員報酬が支払われている場合には，その事業の管理，支配及び運営を自ら行っていることが補足され，このほか事業計画の策定などを現地で主体的に関与している説明が個別具体的に整理されていれば，「香港法人は独立性を有している」と整理できると考えます。

3　法人株主と個人株主の違い

外国子会社合算税制の適用を受ける場合，個人株主は外国税額控除の適用がない，（最高）税率が高いなど，法人株主と比べて厳しい取扱いとなることに留意する必要があります。

法人株主と個人株主の違い

	法人株主	個人株主
合算課税を受けた場合の租税負担割合	法定実効税率	総合課税（累進税率）
合算所得の計算 適用対象金額の算出	決算に基づく金額から外国子会社（発行済株式の25％以上を6カ月以上保有）から受ける配当等の額を控除できます。	決算に基づく金額から外国子会社（同左）から受ける配当等の額は控除できません。
二重課税の排除 配当所得から控除	・課税済金額の繰越期間は10年間 ・特定課税対象金額を原資とする剰余金の配当等は益金不算入となります。	・課税済金額の繰越期間は3年間 ・過去3年以内の課税済金額に達するまでの金額は，配当所得から控除されます。
合算課税に係る外国税額控除	外国関係会社が支払った外国法人税のうち，日本で合算された所得に対応する部分については，控除対象外国法人に含まれ，適用あり。	適用なし

外国子会社合算税制

Q14　外国子会社合算税制に関わる留意点（2）

CHAPTER 1

Q8 及び 13 で外国子会社合算税制の適用に際して，外国関係会社の租税負担割合が 30% 以上であれば合算課税の適用はなく，20% 未満の場合，経済活動基準の全てを満たすなどの企業としての実体が備わっていても，利子，配当金及び株式の譲渡益などの受動的所得（合計額が 2,000 万円以下は免除）については合算課税の対象とされ，法人株主と個人株主の課税の取扱いに関して，個人株主が圧倒的に不利であることはわかりました。

上記以外に外国子会社合算税制の適用に際して，留意すべき事項はありますか？

結 論

外国子会社合算税制の適用上，外国関係会社の租税負担割合が 20% 未満となる場合，経済活動基準の全ての基準を満たす場合においても利子，配当金及び株式の譲渡益など一定の受動的所得については合算課税の対象となります（但し，受動的所得が 2,000 万円以下の場合は合算課税が免除されます）。この受動的所得の範囲には，異常所得という所得が含まれています。異常所得は会計上の税引後利益を基に計算され，特に税務上の加減算の調整を行うこともないため，会計処理次第では会社が意図しない所得が計算される場合があることに留意が必要です。また，法人株主と個人株主の違いで解説した合算所得の適用対象金額の算出において，法人株主は決算に基づく金額から外国子会社（発行済株式の 25% 以上を 6 カ月以上保有）から受ける配当等の額の控除は，確定申告書に明細書の添付がある場合に限り控除が可能となるため留意が必要です。

ポイント

- ▶ 受動的所得の範囲には，異常所得という所得が含まれています。
- ▶ 異常所得の算定は，会計上の税引後利益を基に計算がスタートして，特に税務上の加減算の調整を行うこともありません。
- ▶ 会計処理次第では会社が意図しない所得が計算される場合があります。

解 説

1 受動的所得の範囲（措法66の6⑥）（異常所得の確認）

異常所得とは，イからルまでに掲げる金額がないものとした場合の当該部分対象外国関係会社の各事業年度の所得の金額として政令で定める金額から当該各事業年度に係るヲに掲げる金額を控除した残額となります。

上記のイからル及びヲの内容は次のとおりです。

イ 支払を受ける剰余金の配当等の額

ロ 受取利子等の額

ハ 有価証券の貸付けによる対価の額

ニ 有価証券の譲渡損益

ホ デリバティブ取引に係る損益

ヘ 外国為替差損益

ト 第1号から第6号に掲げる金額に係る利益の額又は損失の額を生じさせる資産の運用，保有，譲渡，貸付けその他の行為により生じる利益の額又は損失の額

チ 第7号の2に掲げる金額

リ 固定資産の貸付けによる対価の額

ヌ 支払を受ける無形資産等の使用料

ル 無形資産の譲渡損益

ヲ　総資産の額として政令で定める金額に人件費その他の政令で定める費用の額を加算した金額に100分の50を乗じて計算した金額

2　部分適用対象金額の計算等（措置法施行令）

法第66条の6第6項第11号に規定する各事業年度の所得の金額として政令で定める金額とは，各事業年度の決算の金額から上記1のイからルに掲げる金額，すなわち異常所得を除く受動的所得として類型されている全ての所得を控除した残額（当該金額が零を下回る場合は零）から，さらに一定の所得控除額を控除してもなお残る金額が異常所得の金額として合算課税の対象となります。

なお，一定の所得控除額は，外国関係会社の各事業年度の貸借対照表に計上されている総資産の帳簿価格（その事業年度が残余財産の確定の日におけるに当該事業年度である場合には当該事業年度の前事業年度）に，当該年度の損益計算書に計上されている人件費の額と貸借対照表に計上されている減価償却資産に係る償却費の累計額を加算した合計額に2分の1を乗じて計算します（措令39の17の3㉗～㉛）。

したがって，上記イからルに掲げる金額に該当しない不動産の譲渡益や引当金の戻入益などについて，異常所得が計算されるケースがあることに留意が必要となります。

3　適用対象金額の計算（措令39の15②十七・⑨）

外国子会社合算税制における課税対象金額の計算の基となる適用対象金額（又は基準所得金額）の計算において，本店所在地国の法令の規定により計算した所得の金額から控除される子会社から受けた配当等の額については，「確定申告書に当該金額の計算に関する明細書の添付がある場合に限り，当該金額を当該各事情年度の基準所得金額の計算上，控除する」と規定しているため，確定申告書に明細書の添付がないと控除することができなくなるため留意が必要です。

外国子会社合算税制

Q15　香港の税制と投資環境

CHAPTER 1

香港はタックスヘイブンの国であるとよく聞きます。相続税についてはどのような特徴があるのでしょうか？　香港の税制について概要を教えてください。

結 論

香港には以前は相続税に相当する税金である遺産税がありましたが，現在では廃止されています。また，香港は日本から最も近い日本の税務上のタックスヘイブン税制適用対象地域であり，税制としてはシンプル，軽課税というのが特徴です。ゆえに，相続税はおろかそもそもキャピタルゲイン課税もありませんので，他の国・地域のように，相続税はなくても別な形で最終的にキャピタルゲイン課税が行われるということもありません。

解 説

中国ビジネスを専門にしていますと，香港の税制に関する質問もよく頂戴します。香港の税制は，中国の特別行政区になりますので，中国本土はもちろん日本の税制とも大きく異なっています。特徴は以下のとおりです。

1　簡素・軽課税

香港の税制の特徴としては，簡素，軽課税という点が挙げられます。日本，中国本土の税制ともかなりの相違があり，中国本土の方が制度的には日本に近いのではと感じる程の差異があります。

2　キャピタルゲイン課税・オフショア所得課税なし

二大特徴として有名なのが，キャピタルゲイン所得，オフショア所得課税が非課税であるという点です。これは，居住者について全世界所得課税を基本とする一般的な国での課税方法と大きく異なります。

3　交際費の損金算入・欠損金の繰越しが無限

資産税から話は離れますが，例えば法人では交際費は事業関連性があれば原則無制限に損金算入，繰越欠損金の繰越期限も無限となっています。交際費は日中ともに損金算入限度額があり，欠損金の繰越期限は日本が中小企業は10年，中国本土は５年ですのでその違いは際立っています。

4　家賃も人件費も物価も高い（相続の場合は遺産よりも弁護士費用が高くなる場合も）

上記のように画期的な税制を持つ香港ですが，一方で物価が高いため拠点の運営コストという点では高コストになります。香港に拠点を持っていても，グループとしてのメリットがよくわからなくなっている企業も少なくありません。「何のために香港に拠点を持つのか？」の研究が肝要と考えます。なお，これは香港の相続の項でも述べていますが，香港では相続などの法的手続を依頼する弁護士費用も高額であるため，相続する遺産との金額の比較から，弁護士の費用の方が高いため香港の財産の相続をあきらめるというケースも実務的にはあります。

5　香港の遺産税の廃止

香港ではかつては遺産税がありましたが，現在では廃止されています。また，キャピタルゲイン（値上がり益）課税もないため，例えば相続した株式を相続後に譲渡した場合等も，香港で課税されることはありません。ただし，当然ながら日本ではキャピタルゲイン課税がありますので，日本で納税義務がある場合は課税がされることになります。

【参考】香港遺産税廃止ＨＰ（https://www.ird.gov.hk/eng/tax/edu.htm#a16）

イメージ図

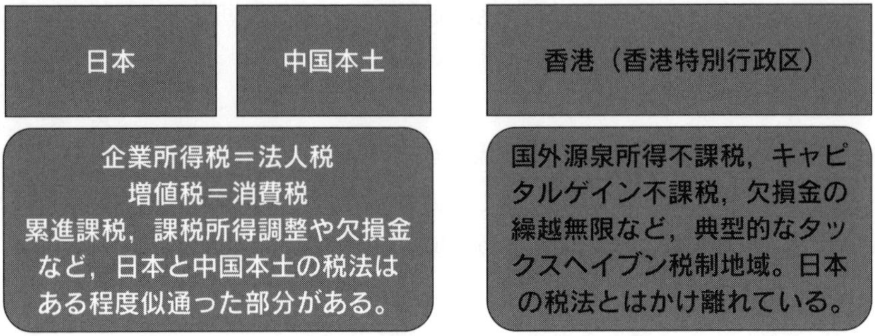

Column01　香港来料加工法人とタックスヘイブン税制

タックスヘイブン対策税制問題で有名なものに，香港の来料加工法人について，日本のタックスヘイブン対策税制が適用になるか否かというものがあります。今回はその問題について考えてみました。

1　香港来料加工法人タックスヘイブン問題とは？

タックスヘイブン対策税制とはそもそも軽課税地域（日本より法人税の安い地域）に子会社を設け，そこに所得を形式的に移転することにより，本国での租税負担を不当に回避する行為を防ぐべく設けられた措置です。本来の趣旨としては「形式的な租税回避目的の所得の移転」を防止するための措置です。

2　日本の課税庁の主張（製造業であり工場は香港にない）

香港来料加工法人問題では，経済的実態を有する適用除外要件に該当するか否かが争点となっています。日本の課税庁は，香港法人は製造業であり，製造業の場合，所在地国基準というもので適用除外要件を判定するため，「工場が香港にないじゃないか」ということで適用除外要件には該当しないという主張です。

3　確かに製造業だとは思いますが……

上記に対して，納税者側は，「製造業じゃなく卸売業だから所在地国基準は適用されません」と主張した事例もありましたが，認められませんでした。確かに客観的にみると，来料加工香港法人は製造業と解釈するのが自然と私も思います。ただ，一方で「香港に工場がない。だから所在地国基準を満たさず，タックスヘイブン対策税制の対象だ！」というのは，少し乱暴な論理展開ではないでしょうか。現地政府の指導で中国大陸側に工場を持っているだけですし，中国大陸側でも実質的に税負担をしていますので。

4　来料加工工場の現地法人化が日本の法人税法上も望ましい？

中国政府の政策として，大陸の来料加工工場の法人化が推し進められてきましたが，現地法人化すると日本のタックスヘイブン対策税制問題もなくなりますので，図らずも日本の法人税法上も来料加工工場を現地法人化した方が税務リスク軽減につながるような格好になっています。

国外転出時課税

Q16　国外転出時課税の取扱い（1）

CHAPTER 1

日本国外（海外）への転勤，海外への移住などを検討している日本の居住者にとっての税務上の留意事項として国外転出時課税制度の存在を耳にしますが，詳しい内容について教えてください。

結 論

日本国外（海外）への転勤，海外移住などを検討している日本の居住者の方が有価証券を1億円以上保有していると，日本国外転出の時点でその保有している有価証券を譲渡したものとみなして，未実現の含み益に対して15.315％の税率で所得税が課されます。また，有価証券を1億円以上保有している日本の居住者から海外に移住などした者が相続又は贈与により有価証券を取得することとなる場合も，その相続又は贈与のあった時点で，被相続人又は贈与者の未実現の含み益に対して所得税が課されます。

これらの含み益に対する課税について納税を猶予する制度もありますが，日本国外転出前に納税管理人の選任・届出，納税を猶予された所得税相当額の担保の提供などが要求され，事前の検討が必要となります。

ポイント

▶ 国外転出時課税の納税義務者は，その保有する対象資産（有価証券など）の国外転出時の時点（又は相続若しくは贈与の時点）における時価が1億円以上である者で，過去10年の間に日本に居住していた期間の合計が5年超である者となります。

▶ 対象資産を日本国外への転出時（相続又は贈与の時点）において時価で譲渡

したものとみなして15.315％の税率で所得税が課されます。

▶　未実現の利益に対する課税を猶予する納税猶予制度があり，国外転出から最大10年間納税が猶予されます。その期間内に対象資産を譲渡することなく日本へ帰国すると納税の猶予が確定します。

解説

1　国外転出時課税の基本的内容（所法60の2，60の3）

(1)　概要

国外転出時課税の納税義務者は，次の2つ要件を満たす個人が日本国外へ転出する場合と，これらの個人から非居住者（例：海外駐在員）へ有価証券などの対象資産が相続，贈与等により移転する場合に，その出国する時点又は相続若しくは贈与する時点において対象資産を時価で売却したものとみなして，15.315％の税率で所得税を課する制度です。

- 保有する有価証券，新株予約権，匿名組合の出資持分及び未決済デリバティブ取引などの対象資産の時価が1億円以上
- 国外転出の日前10年以内に日本に住所等を有していた期間の合計期間が5年超

なお，日本国外への転出等に伴い国外転出課税が課されたものの，その後，5年（申請により延長を受けている場合は10年）以内に，対象資産を引き続き所有したまま日本へ帰国した場合や贈与により対象資産を日本の居住者へ移転した場合等は，これらに該当することとなった日から4カ月以内に更正の請求を行うことにより，当初の課税を取り消すことができます（所法153の2）。

また，国外転出時課税の申告・納付期限は，納税管理人の届出を行っている場合は出国の年の翌年の確定申告期限（3月15日），届出を行っていない場合は出国の時までが申告・納付の期限となります（所法127，2四十二，120）。

(2) 譲渡収入金額の計算

国外転出課税の納税義務者に該当する場合，後述する納税猶予制度の適用の有無に関わらず，時価で有価証券等を譲渡したものとして譲渡収入を計算しますが，時価を認識する時点は納税管理人を選任するか否かで異なります。具体的には，納税管理人を選任する場合は日本国外への転出時の時価，納税管理人を選任しない場合は日本国外への転出予定日の３カ月前の日における時価を算定することになります（所法60の2①）。

(3) 納税猶予制度（所法137の2）

国外転出時課税の対象となった場合，一定の手続を行うことで，上記（2）で計算した譲渡収入金額による未実現利益に対する所得税の納税の猶予を５年間（申請により10年間）受けることができます。

2 納税猶予制度の手続

(1) 納税管理人の選任・届出

納税猶予を適用する場合，国外転出する前に納税管理人（国内に住所又は事務所を有する個人又は法人）を税務署へ届け出る必要があります。納税管理人の届け出を行わないまま，日本の国外へ転出してしまうと納税猶予の制度の適用を受けることができなくなってしまいます。

(2) 納税が猶予される所得税相当額の担保の提供

納税猶予の適用を受けようとする場合，国外転出の翌年の確定申告期限までに猶予される所得税相当額の担保を税務署へ提供する必要があります。提供する担保は国税通則法に定める国債，地方債，一定の有価証券，土地・建物及び金銭となります。例えば，上場有価証券を担保とする場合は，税務署が指定する証券会社に担保提供者の口座を開設して，その証券会社に対して税務署から指示があれば担保提供者の口座から税務署長口座へ振替を行うように指図しておきます。

(3) 確定申告書に納税猶予を受けようとする旨を記載

国外転出した年の確定申告書の提出期限（翌年の３月15日）までに，確定申告書に納税猶予の適用を受けようとする旨を記載します。

(4) 継続適用届出書の提出（所法 137 の 2）

納税猶予制度の適用を受ける場合，納税が猶予される期間中，毎年の確定申告の期限（3 月 15 日）までに国外転出時点の有価証券の保有状況を記載した継続適用届出書を税務署へ提出する必要があります（宥恕規定あり）。

届出書の提出が提出期限までになかった場合，その提出期限の翌日から 4 月を経過する日の 7 月 15 日に納税猶予の期限が到来することとなります。

すなわち，7月15日までに猶予された所得税を支払う必要があるので，納税管理人の選任には注意が必要となります。

国外転出時課税

Q17　国外転出時課税の取扱い（2）

CHAPTER 1

Q16のように国外転出時課税の対象資産を保有している者が納税猶予の適用を受けようとする場合，担保の提供や納税猶予期間中の継続適用届出書の提出など，適用を受けるための手続が煩雑になりそうで納税猶予の適用を受けることを躊躇するのではないかと思います。納税猶予の適用を受ける場合のメリット，デメリットについて教えてください。

結論

納税猶予の適用を受ける場合のデメリットとしては，次の3つが挙げられます。

① 担保の提供

② 納税猶予期間中の毎年の継続適用届出書の提出

③ 納税猶予期間中に対象資産を譲渡した場合に納税猶予されていた期間に対応する利子税が付加されること

一方，メリットとしては，次の3点が挙げられます。

① 納税期間中に対象資産を譲渡した場合の時価下落時の更正の請求及び外国所得税に係る二重課税排除の更正の請求

② 納税猶予期間中に日本へ帰国した場合の課税の取消しの期間が10年まで延長が可能

③ 海外への転出時に国外転出時課税の本税の納付が不要

ポイント

▶　納税猶予の適用を受ける場合のデメリット（事務手続の負担と煩雑さ）

・担保の提供

・利子税の負担及び

・納税の猶予期間中の毎年の継続適用届出書の提出

▶　納税猶予の適用を受ける場合のメリット

・海外転出時の国外転出課税の納付が不要

・納税猶予期間中に対象資産を譲渡した場合において，譲渡時の時価が下落している場合に更正の請求が可能

・納税猶予期間中に対象資産を譲渡した場合において，外国所得税が課された場合，更正の請求により外国税額控除が可能

・納税猶予期間中に対象資産を譲渡した場合において，譲渡時の時価が上昇していても，出国時の時価で税額が確定している。

・納税猶予期間に対象資産を譲渡せずに日本へ帰国した場合の課税の取消しが認められる期間が10年に延長が可能。

解 説

1　納税猶予制度の選択の有利・不利の検討

国外転出課税の納税義務者は納税猶予制度の適用を受けない限り，その保有する有価証券等について，日本国外への転出時において時価にて譲渡したものとみなして，譲渡所得（申告分離課税）を計算し，納税する必要があります。海外出国から5年以内に転出前に保有していた有価証券等を譲渡することなく日本へ帰国した場合は，更正の請求により，当初の課税を取り消すことができます（所法60の2）。

これが，納税猶予制度の適用を受けている場合は，申請により10年まで延

長が可能となります。

したがって，確実に5年以内に帰国することが予定されている場合は，納税猶予制度を選択する必要は少なくなるといえます。

納税猶予期間中に対象有価証券等を譲渡し，その譲渡に係る所得について居住地国で外国所得税が課された場合は，国外転出時課税制度における日本の当初の所得税の額から外国税額控除の制度を適用して再計算することができます（所法95）。これは，外国所得税を納付することとなる日から4カ月以内に更正の請求を行うことで可能となります。

納税猶予期間中に対象有価証券等を譲渡した場合，その譲渡の価額が海外転出時の当初申告時の時価を下回る時は，譲渡を行った日から4カ月以内に更正の請求を行うことで，その譲渡時の価額で所得の額を再計算し，当初申告の所得税の額を減額することができます。他方，その譲渡の価額が当初申告時の価額を上回っていたとしても，当初の申告時の価額を修正する必要はありません（所法60の2）。

こうした納税猶予制度を適用した場合の有利な点を鑑みると，制度を利用するのが得策といえます。

納税猶予制度を適用する場合，海外への出国前に納税管理人の届出を行い，海外出国年の確定申告の申告期限までに担保を税務署へ提供する必要があります。

納税猶予期間中は，毎年，継続適用届出書を各年の確定申告期限までに税務署へ提出しなければなりません。

納税猶予の適用を受けて，課税の取消しを受けることなく，海外出国時の当初申告の所得税を支払う場合，併せて利子税（令和4年分は年0.9%）も支払う必要があります。

納税猶予制度の適用を受けると，その適用を受けるための事務負担及び煩雑さ，そして納税猶予期間中に対象資産の有価証券等を売却した場合に，所得税本税のほかに利子税が付加される事が不利な点といえます。

しかしながら，出国から5年以内に日本へ帰国することがわかっている場合を除き，一般的には納税猶予制度を適用するのが有利といえそうです。

Q18　国外転出時課税の取扱い（3）

CHAPTER 1

Q17の納税猶予制度の適用を受けることを検討しています。申請に際して上場有価証券を担保として提供の予定ですが，どのような手続が必要なのか教えてください。

結論

国外転出時課税制度の納税猶予制度の特例を受けるための担保として提供できる財産は，不動産，国債・地方債，税務署長が確実と認める有価証券・保証人の保証など（国税通則法第50条に掲げる財産）が挙げられます。このうち，上場有価証券を担保として提供する場合，税務署が指定する証券会社に口座を開設する必要があります。

上場有価証券を担保として提供するための手続として，担保として質権を設定する株式（納税猶予に係る所得税税額と納税猶予期限までの利子税額の合計額に相当する価額）を現在保有している口座から税務署が指定する口座へ振替を行い，税務署長から指示があれば証券会社に対して当該口座から税務署長が指定する口座（質権欄）へ振替を行うように指示します。なお，担保提供に関する書類は，各担保財産に共通な書類として①担保提供書，②担保目録が挙げられ，上場有価証券の固有の書類として上場有価証券の所有者の振替口座簿の写しが挙げられます。

したがって，納税猶予の適用を受けようとする場合には，これらの手続を所得税の確定申告期限までに完了させて，書類も準備しておくことが必要となります。

ポイント

▶　担保として提供できる財産には，不動産，国債・地方債，税務署長が確実と認める有価証券，税務署長が確実と認める保証人の保証などが挙げられます。

▶　税務署長が確実と認める有価証券とするために，税務署が指定する証券会社に口座を開設して，当該口座に納税猶予に係る所得税額と納税猶予期限までの利子税額の合計額に見合う価額の上場株式の振替を行い，税務署から指示があれば，証券会社に対して当該口座から税務署長を口座（質権欄）へ振替を行うように指示します。

▶　納税猶予の適用を受けようとする場合には，担保提供書，担保目録及び上場株式の所有者の振替口座簿の写しを所得税の確定申告書に添付します。

解　説

1　国外転出時課税制度の納税猶予の特例を受けるための担保として提供できる財産

次の財産（国税通則法第 50 条に掲げる財産）などが挙げられます。

①　不動産

②　国債・地方債

③　税務署長が確実と認める有価証券

④　税務署長が確実と認める保証人の保証

2　税務署長が確実と認める有価証券

上場株式及び未上場株式について担保として提供しようとする場合，税務署長が確実と認めるためには，次のような手続が必要となります。

（1）上場株式等（振替株式等）を担保提供する場合

税務署が指定する証券会社に口座を開設する必要があります。既に税務署が指定する証券会社に担保設定が可能な口座をお持ちの場合には，新たに口座開設をする必要はありません。なお「振替株式等」とは「社債，株式等の振替に関する法律」（平成13年法律第75号）第2条第1項第12号から第21号まで（定義）に掲げる社債等で同条第2項に規定する振替機関が取り扱うものをいいます。

なお，税務署が指定する証券会社は下記の5つの証券会社になります。

① SMBC日興証券株式会社

② 大和証券株式会社

③ 野村證券株式会社

④ みずほ証券株式会社

⑤ 三菱UFJモルガン・スタンレー証券株式会社

また，担保にするために質権を設定する株式（納税猶予に係る所得税額と納税猶予期限までの利子税額の合計額に見合う価額）を，現在保有している口座から，税務署が指定する口座へ振替を行います。そして，税務署から指示があれば，証券会社に対して当該口座から税務署長を口座（質権欄）へ振替を行うように指示します。

なお，必要担保額の算定は次のとおり計算しますが，必要担保額を算定するにあたっての納税猶予期限までの利子税額とは，法定申告期限から国外転出時制度の適用を受ける方の国外転出の時，贈与の時又は相続開始の時から5年4カ月（納税猶予期限の延長をしている場合は10年4カ月）を経過する日までに相当する期間を対象期間として計算した金額となります。

必要担保額≧納税猶予にかかる所得税額（本税）＋納税猶予期限までの利子税額

未上場株式を担保提供する場合には，次の（a）又は（b）のいずれかに該当

する必要あります。

(a) 財産のほとんどが非上場株式であり，かつ，その株式以外に所得税に係る納税猶予の担保として適当な財産がないと認められること
(b) 非上場株式以外にも財産があるが，その財産が他の債務の担保となっており，納税猶予の担保として提供することが適当ではないと認められること

上記（a）又は（b）のいずれかに該当しても，税務署長が確実と認めるためには，次に掲げる点に留意する必要があります。

▶ 株式の発行がなされていない場合には，会社に対して株券の発行を請求する必要（令和５年税制改正により，株券の発行は不要とされた）
▶ 譲渡制限が付されている場合には，譲渡について取締役会の承認を受けるなど譲渡可能としたことを証する議事録の写しを税務署に提出する必要

3 担保に関する書類について

担保提供に関する各担保財産共通の書類として，担保提供書と担保目録を準備します。

各担保財産固有の書類として，次に掲げるものが挙げられます。

▶ 上場株式等 － 上場株式の所有者の振替口座簿の写し
▶ 未上場株式 － 供託書正本（注１）と議事録の写し（注２）

（注１） 納税猶予に該当する場合には，速やかに供託手続を行う必要があり，参考として株券（写）を担保提供書に添付する必要もあります（令和５年税制改正により，添付は必要なくなった）。

（注２） 譲渡制限が付されている場合には，譲渡について株式総会の決議又は取締役会の承認を受けるなど譲渡可能としたことを証する議事録の写しを提出する必要があります。

不動産及び法人の保証を担保提供する場合の手続については，国税庁が公表

している「国外転出時課税制度（FAQ）」が参考となります。これら以外の財産を担保として提供しようとする場合には，「相続税・贈与税の延納の手引き」の担保の提供手続等一覧で確認できます。

4　その他の留意点

税制適格ストックオプションの権利行使で取得した株式を担保財産として提供する場合，次のみなし譲渡課税の取扱いについて留意する必要があります。

それは，税制適格ストックオプションの権利付与契約の要件の一つに，権利行使により取得する株式は，その株式会社と証券会社等との間であらかじめ締結される取決めにより，その株式会社から証券会社等に直接引渡され，その営業所等の専用の口座に保管の委託等がされることが必要とされており，権利行使により取得した株式を当該専用の口座から別の口座に移管した場合には，保管口座を移管したことによるみなし譲渡課税の対象となることです（措法29の2④）。

但し，一定の取決めに従い，引き続き金融商品取引業者等の振替口座簿に記載若しくは記録を受け，又は金融商品取引業者等の営業所等に保管の委託等がなされている場合を除くとされているので，税制適格ストックオプションで権利行使して取得した株式を担保提供する場合は，こうした振替口座簿への記載等を忘れずに株式の保管口座の移管を行う必要があります。さもなければ移管した株式について譲渡損益を計算して確定申告を行う必要が生じることになります。

国外転出時課税

Q19 国外転出時課税の取扱い（4）（贈与と相続）

CHAPTER 1

Q16 で記載した国外転出時課税制度の２つの要件を満たす個人が，米国に居住する個人へ当該制度の対象となる有価証券等を贈与若しくは個人に相続が発生し，米国に居住する個人が相続人となる場合の税務上の取扱いを教えてください。

結 論

相続税法上，受贈者若しくは相続人はその贈与若しくは相続する財産について贈与税若しくは相続税を支払う必要があります。他方，所得税法上，日本の居住者が有していた一定額以上の有価証券等が贈与，相続及び遺贈（以下，「贈与等」という）により，非居住者に移転した場合，その贈与等の時の時価にて譲渡を行ったものとして，被相続人の準確定申告で所得税を支払う必要があります。

相続については，相続人が国外転出時課税制度の対象資産である有価証券等を相続しない旨が遺産分割協議書等で明らかになっている場合を除き，被相続人の準確定申告で上記の含み益について所得税を支払う必要があります。なお，贈与者若しくは被相続人が米国市民（グリーンカード保有者も含む）に該当せず，米国に財産を保有していない場合，米国遺産税の納税義務者に該当しません。けれども，贈与若しくは相続により米国非居住外国人から 10 万米ドルを超える財産を取得した米国居住者は，贈与又は相続により取得した財産の内容を記載した Form3520 を贈与若しくは相続した年度の翌年の４月 15 日までに米国内国歳入庁へ提出する必要があります。

ポイント

① 日本の居住者が有する有価証券等が贈与等により非居住者に移転した場合，その贈与等の時の時価において譲渡を行ったものとみなして課税を行います。

② 上記①の居住者とは，その保有する有価証券等の時価が1億円以上の方が対象となります。

③ 上記①の申告期限について，贈与による場合は贈与税の申告期限である翌年の3月15日，相続による場合は準確定申告の申告期限である相続発生の日から4カ月以内となります。

④ 相続による場合，相続財産の分割が未分割であっても非居住者の法定相続分相当額を基にみなし譲渡益を計算し，申告・納付する必要があります。

⑤ 納税猶予制度の適用，上記④の納税後，その他5年以内に日本へ帰国した場合の課税の取消しなどQ17の解説と同様の取扱いとなります。

解説

1 贈与等により非居住者へ有価証券等が移転した場合

国外転出時課税の納税義務者は，その保有する対象資産である有価証券の合計額が1億円以上の個人が日本国外へ転出する場合と，これらの個人から非居住者へ有価証券などの対象資産が相続，贈与等により移転する場合に，その出国する時点又は相続若しくは贈与する時点において対象資産を時価で売却したものとみなして，15.315%（株式の場合）の税率で所得税を課する制度です。

相続については，被相続人が有価証券等を1億円以上保有していた場合，被相続人は国外転出時課税の納税義務者となり，相続人は相続開始があったことを知った日の翌日から4カ月以内にその年の各種所得に国外転出時課税の適用による所得を含めて，被相続人の準確定申告及び納税を行う必要があります（所法60の3，125，129）。

相続の場合，相続発生から４カ月以内という短い期間の間に納税猶予制度を適用するか，納税猶予制度を適用せずに一旦，申告及び納税を行うか，の検討を行う必要があります。相続財産が未分割で非居住者が対象資産である有価証券等を相続するかどうか不明な場合においても，特に法令上，手当てがなされていないため，上記①のとおり，相続人が準確定申告を期限内に行わなくてはなりません。

納税猶予の適用を受ける場合，Q17の解説の手続と異なる点は，相続人が連署により一の書面で納税猶予の適用を受ける旨の届出書及び納税猶予期間中の毎年の継続適用届出書を提出する必要があるということです（所令266の3）。

対象資産である有価証券等を相続したかどうか，居住者であるか非居住者であるかを問わず，原則として相続人の連署により届出書を作成・提出することとなるので相続人が複数にのぼる場合は事務負担が増すことになります。

Column02　国外転出時課税制度　外国人への適用に関する経過措置

国内在住期間の判定にあたっては，出入国管理及び難民認定法別表第一の上欄の在留資格（外交，教授，芸術，経営・管理，法律・会計業務，医療，研究，教育，企業内転勤，短期滞在，留学等）で在留していた期間は，国内在住期間に含まれないこととされています（所令 170 ③一）。

また，平成 27 年 6 月 30 日までに同法別表第二の上欄の在留資格（永住者，永住者の配偶者等，定住者等）で在留している期間がある場合は，その期間は国内在留期間に含まないこととされています（所得税法施行令の一部を改正する政令（平成 27 年政令第 141 号）附則 8 ②）。

		在留資格
別表第一	1	外交，公用．教授，芸術，宗教，報道
	2	高度専門職，経営・管理，法律・会計業務，医療，研究，教育，技術・人文知識・国際業務，企業内転勤，介護，興行，技能，技能実習
	3	文化活動，短期滞在
	4	留学，研修，家族滞在
	5	特定活動
別表第二		永住者，日本人の配偶者等，永住者の配偶者等，定住者

※　平成 27 年政令第 141 号附則第 8 条（国外転出をする場合の譲渡所得等の特例等に関する経過措置）

②　平成 27 年 7 月 1 日前において居住者が出入国管理及び難民認定法（昭和 26 年政令第 319 号）別表第二（在留資格）の上欄の在留資格をもって在留していた期間がある場合における所得税法施行令第 170 条第 3 項第 1 号及び第 170 条の 2 第 1 項（贈与等により非居住者に資産が移転した場合の譲渡所得等の特例）の規定の適用については，同号中「期間を除く」とあるのは，「期間及び平成 27 年 6 月 30 日までに同法別表第二（在留資格）の上欄の在留資格をもつて在留していた期間を除く」とする。

Q20 非永住者に係る課税所得の範囲（株式の譲渡所得関連）

CHAPTER 1

私（英国国籍）は2019年7月から配偶者（日本国籍）の仕事の都合で日本へ来日し，配偶者ビザを取得して日本の居住者となっています。今回，日本の居住者となる以前の2014年5月に外国証券会社の口座で取得した上場外国法人の株式を当該口座を通じて2022年8月に売却して約1,500万円の売却益が発生しています。売却した資金は日本へ送金する予定はありません。日本で所得税を申告納税する必要はありますか？

結 論

非居住者であった期間内に取得した株式を非永住者である期間内に譲渡して譲渡益が発生しても，その譲渡が外国金融商品市場において譲渡又は外国金融商品取引業者への売委託により譲渡が行われる取引に該当する場合，非永住者の課税所得の範囲において国外源泉所得となり，譲渡対価を日本へ送金しない限り，日本で課税が生じることはありません。

ポイント

▶ 国外源泉所得は，非永住者の課税所得の範囲に含めません。

▶ 国外源泉所得であっても国内において支払われ，又は国外から送金されたものは非永住者の課税所得の範囲に含めます。

▶ 一定の株式の譲渡に係る所得は国外源泉所得に該当します。

解説

1　非永住者に係る課税所得の範囲（所法７②，所令17）

非永住者の所得のうち日本で課税の対象となる所得の範囲は，大きく分けると以下の２種類に分類されます。

①　国外源泉所得以外の所得

②　国外源泉所得で国内において支払われ，又は国外から送金されたもの

したがって非永住者の特定の所得が国外源泉所得に該当する場合は，国内で支払われるか又は国外から送金されたものでなければ，所得税の課税対象外として取り扱われます。

逆に言えば日本国内で発生した所得（国内源泉所得）でなかったとしても，その所得が国外源泉所得に該当しない場合は，現行税法上は所得税課税の対象とされることとなります。

したがって，非永住者の特定の所得が国外源泉所得に該当する場合は，国内で支払われるか又は国外から送金されたものでなければ，所得税の課税対象外として取り扱われます。逆に言えば日本国内で発生した所得（国内源泉所得）でなかったとしても，その所得が国外源泉所得に該当しない場合は，現行税法上は所得税課税の対象とされることとなります。

2　非永住者に対する株式譲渡益課税

非永住者の課税所得から原則的には除かれる「国外源泉所得」の定義については，所得税法上細かく規定されていますが，そのなかでも株式の譲渡益については取扱いが複雑で国外源泉所得として取り扱われる株式の譲渡は以下のとおりとなり，これらのいずれかに該当する場合は，原則的には非永住者の課税所得から除外されます。

①　外国法人の発行済株式等の総数等の一定割合以上に相当する数等を所有する場合に，その外国法人の本店所在国においてその譲渡による所得に対

して外国所得税が課される株式の譲渡

② 保有資産価額の総額のうちに国外にある土地等の価額の占める割合が50% 以上である法人の株式の譲渡

③ 国外にあるゴルフ場利用株式の譲渡

④ 特定有価証券の譲渡(注) (所基通 7-1)

上記①～③は日本の税法上，基本的には所得税法上 PE のない「非居住者」として取り扱われる個人に対する株式譲渡益課税の概念を反対にしたもの，と考えることが可能です。

(注) 上記④にある特定有価証券は，その有価証券の取得日が譲渡日以前 10 年内のうち非永住者であった期間内にはない有価証券をいいます。10 年という期間については，その期間のうち非永住者であった期間に限定されるため，譲渡日以前 10 年以内の取得であっても，非居住者であった期間内に取得したものは特定有価証券に該当すると考えられます。

ただし特定有価証券に該当するとしても，その譲渡の全てが国外源泉所得に該当するわけではありません。特定有価証券の譲渡が国外源泉所得として取り扱われるためには，特定有価証券がさらに次のいずれかに該当する有価証券である必要があります。

① 外国金融商品市場において譲渡がされるもの

② 外国金融商品取引業者への売委託により譲渡が行われるもの

③ 外国金融商品取引業者等の国外営業所に開設された，(日本でいう) 振替口座簿に類するものに記載等がされているもの

上記のとおり特定有価証券が国外源泉所得とされるためには，海外で上場されているか，又は海外の外国金融商品取引業者 (証券会社など) において管理されている必要があります。特定有価証券の譲渡については基本的には海外の上場株式を中心に，一般的に市場で取引がされている株式等の譲渡が想定されていると考えられ，非永住者の方が，非上場外国法人株式などを相対取引により他者へ譲渡した場合，特定有価証券の譲渡には該当しない可能性があります。

3　本事例への当てはめ

はじめに，2022年8月に譲渡した株式が特定有価証券に該当するか否かを確認する必要があります。特定有価証券とは，次の3つのうちのいずれかに該当する有価証券をいいます。

①　譲渡の日の10年前の日以前に取得をしたもの

②　譲渡の日の10年前の日の翌日から当該譲渡の日までの期間に取得をしたもので，その者が非永住者でなかった期間に取得をしたもの

③　平成29年（2017年）3月31日以前に取得をしたもの（①又は②に該当するものを除く）

本事例では譲渡した株式は，非居住者であった2014年5月に外国の証券会社の口座を通じて取得した上場外国法人株式を，同口座を通じて売却しているので，特定有価証券に該当し，日本国外源泉所得として譲渡代金を日本へ送金しない限り，日本で課税が生じることはありません。

第2章
国際相続

国際私法

Q21 国際相続の概要（ヒトとモノ）

CHAPTER 2

相続について「国際相続」という言葉を聞きます。具体的にどういった相続が国際相続に該当するのでしょうか？　また，国際相続における大まかな注意点はどういった点か，概要や基本的なポイントを教えてください。

結 論

一般的にいう国際相続について税務の専門家として解説すると，大きく（1）「ヒトの国際相続」（被相続人，相続人に外国国籍者，非居住者がいるパターン）と，(2)「財産（モノ）が海外にある国際相続」（相続財産に国外財産があるパターン）に分類されると考えます。そのうち，(1)「ヒトの国際相続」（被相続人，相続人に外国国籍者がいるパターン）は，さらに，①被相続人が外国国籍者であるパターンと，②それ以外のパターンで相続手続は大きく異なってくるのですが，(1) ①のパターンが実務的には最も難易度が高くなります。

理由としては，日本の法律によると被相続人が外国国籍者である場合，相続の準拠法が「被相続人の本国法による」すなわち，外国の法律に基づき相続をしなければならないとされているためです。ゆえに，日本の民法，相続税法を知っているだけでは相続手続を行うことはできず，外国である被相続人の本国の相続に関する法律を押さえなければならないことになるため，難易度が最も高くなります。そのため，まずは国際相続がどういうパターンの国際相続かを確認し，次に準拠法を確認していくという順序で進めていく必要があります。当該準拠法が確定すると，やるべき手続，各地で手配すべき専門家の種類が確定してくるという形になりますので，まずは準拠法を確定させるというのが国際相続業務の初期段階でのポイントになります。

解説

上記のとおり，国際相続の主たるパターンは，(1)「ヒトの国際相続」(被相続人，相続人に外国国籍者，非居住者がいる場合）と，(2)「財産（モノ）が海外にある国際相続」(被相続人が国外に相続財産を有する場合）に大別されます。

(1) ヒトの国際相続　準拠法

被相続人の国籍	日本	外国
相続の準拠法	日本法	国籍国本国（外国）法

(2) モノの国際相続　日本の相続税の課税範囲

相続人の属性	国内財産	国外財産
居住無制限納税義務者，非居住無制限納税義務者	課税	課税
居住制限納税義務者，非居住制限納税義務差者	課税	不課税

1　被相続人が外国国籍者である場合

国際相続といわれるもののなかでも，上記「被相続人が外国国籍者である場合」が，最も難易度が高くなります。これは，日本で国際相続については準拠法が「法の適用に関する通則法」というものに定められており，第36条で「相続は，被相続人の本国法による」とされているためです。

そのため，被相続人が死亡当時国籍を有していた国の法律に従う必要がありますので，日本の民法による相続ではなく外国の相続法に基づき相続をしなければならないことになります。日本の相続専門家であっても，外国の相続に習熟している人は非常に少ないのが実情ですので，難しさがおわかりいただけるかと思います。

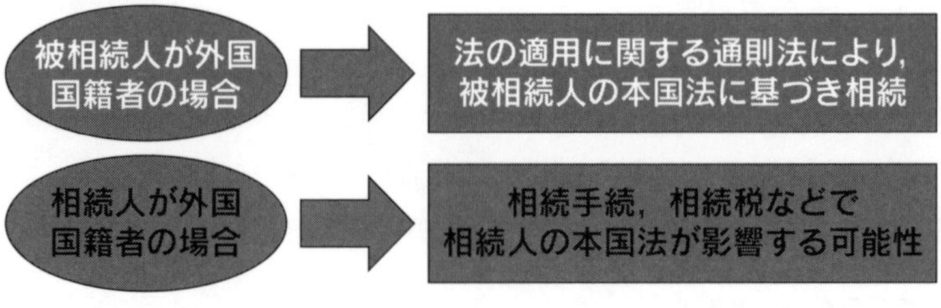

2　反致により一部財産に関する手続は日本に戻る場合も

被相続人が外国国籍者である場合，原則として外国の法律に基づき相続することになりますが，さらにそこから逆の取扱いがある場合があります。先述の法適用通則第 41 条に，「当事者の本国法によるべき場合において，その国の法律に従えば日本法によるべきときは，日本法による」と定められています。

すなわち，外国である被相続人の本国の法律に従い相続しなければならないのですが，その外国の法律に，「特定の相続財産については，財産所在国の法律に従う」などとされている場合があり，その場合は「財産が日本に所在する場合は，準拠法が一部日本に戻ることになり，日本の法律にしたがって相続をしていいですよ」という意味となります。この取扱いを，専門用語で「反致」と呼んでいます。

3　実務的対応

国際相続については日本以外の国の法律が絡むパターンも多くあります。ゆえに，各国の法律に習熟した専門家を手配し，それを日本側の専門家がプロジェクトマネージャー的に管理していくような方法が進めやすいでしょう。

中国国籍者が被相続人，相続人が日本居住者の場合の専門家の体制例

例：日本在住20年以上の中国国籍者が，被相続人である相続のケース

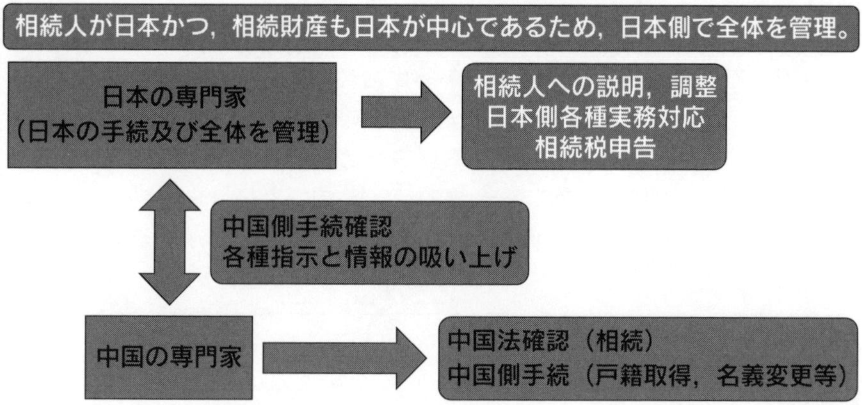

また，各国の専門家ですが，できれば現地在住の専門家を起用するのがベターと考えます。というのは，国際相続案件はその国の専門家にとっても特殊なものであるため，現地の詳細な知識及び現地での臨機応変な対応が必要となる局面があると予想されるためです。

4　各国の専門家を起用しつつ日本側で話をまとめる

上記のとおり，各国の専門家の起用は必須ですが，そもそもは日本の相続ですので，そちらを日本の専門家がプロジェクトマネージャー的に取りまとめていく必要があります。ゆえに，各国の相続の詳細まで日本の専門家が精通するというのはもちろん不可能なのですが，概要をとらえて全体を差配していく必要がありますので，取りまとめをする日本の専門家にはそういった知識と，話をまとめていく管理能力が求められます。

国際私法

Q22 国際私法の基礎（大陸法系と英米法系）

CHAPTER 2

Q21で，被相続人が外国籍である場合のパターンが難しいと教えていただきました。具体的にはどのような点が難しくなるのでしょうか？　また，被相続人の本国法に基づくとありますが，その場合，被相続人の国により全く異なると思います。国ごとに詳細を調べるのはかなり大変だと思うのですが，パターン別の傾向などがあるのでしょうか？

結論

被相続人が外国国籍者である場合に，具体的に最も難しくなるポイントは，被相続人の本国法の知識がいる，つまり外国専門家の起用が必要になってしまうという点です。当然のことながら，国により全く法律は異なりますので，国ごとの法律の確認が必要になります。ただし，法律の傾向として各国の相続関係の法律は，①大陸法系，②英米法系に大別されます。ゆえに，各国の法律の詳細を最初から全て日本側で把握するというのは難しいですが，系統別の大きな特徴から概観を類推することは可能ですので，そちらをもとに各国の専門家を起用し，日本で集約，コントロールしながら進めていく形が望ましいでしょう。

解説

被相続人が外国人であると，先述の「法の適用に関する通則法」により，相続は被相続人の本国法が準拠法となります。その場合，ベースが外国の法律になるため，相続実務としての難易度が一気に上がることとなります。

▌法の適用に関する通則法第36条イメージ図

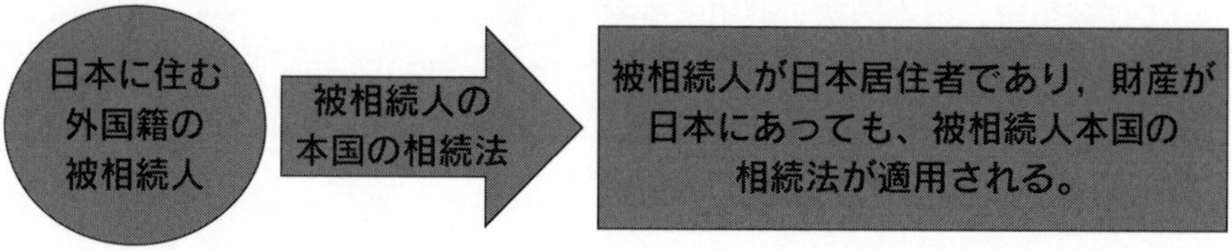

法律はもちろん各国で異なります。しかし，法律の成り立ちから，法体系としてある程度のパターンがあります。大きく分けると以下のパターンになります。

1　大陸法系（相続統一主義，原理主義的）

日本，ドイツ，イタリア等大陸法系の国は相続財産について，相続統一主義と呼ばれる考え方をとっています。具体的には不動産，動産の全てにおいて準拠法は被相続人の本国法を適用します。全て被相続人の本国の法律により判断するとのことで，相続についてより原理主義的な考え方をとっていると筆者は捉えています。

▌日本・ドイツ・イタリア・ＥＵ加盟国のイメージ図

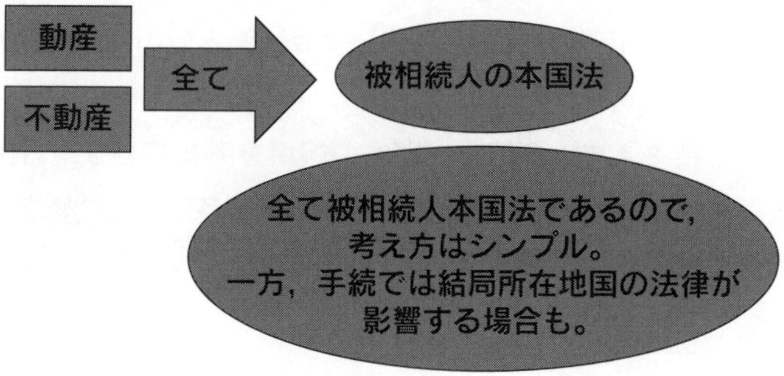

2　英米法系（相続分割主義，現実主義的）

アメリカ，イギリス，香港等の英米法系の国，地域では相続財産について，不動産と動産の相続を区別し，不動産については不動産の所在地法を，動産については被相続人の本国法を適用する考え方です。

これは相続分割主義と呼ばれる法律体系で，不動産については不動産の所在地法を適用（すなわち反致が起こる可能性がある），動産については被相続人本国の所在地又は住所地法を適用するというものです。相続分割主義は，相続は個々の財産の移転であるという側面を重視した考え方で，手続面では現実的には財産所在地の法律を従わざるを得ない点などを考慮した現実主義的な面を重視した考え方ではないかと筆者は捉えています。

イメージ図

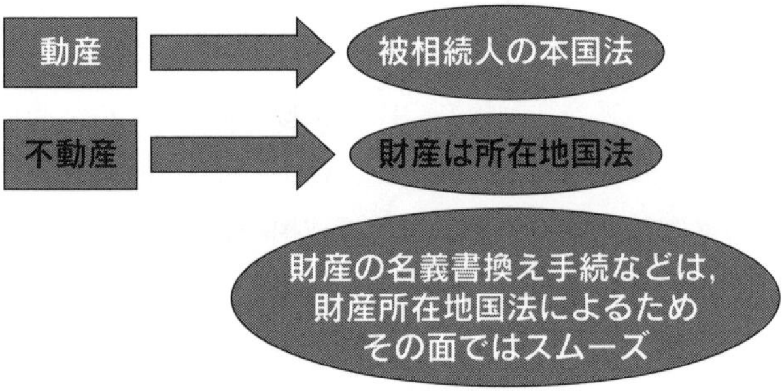

また，英米法系の国の多くでは，プロベートという手続があり，相続が発生すると相続財産は裁判所管理になります。プロベート時の問題を回避するために，信託の利用がさかんです（例：アメリカ，イギリス，香港）。

上記の特徴を踏まえて，概略，専門家の起用を考えていき，日本側でプロジェクトマネージャー的に全体を差配する専門家が各地の専門家をコントロールしながら業務を進めていくのが望ましい形になります。

国際私法

Q23 英米法系清算管理主義とプロベート

CHAPTER 2

Q22により，大きく大陸法系，英米法系にパターンがあるというのは理解しました。ところで，アメリカやイギリスといった英米法系の国では，相続時にプロベートという手続があると聞きましたが，それはどういったものでしょうか？　これも大陸法系，英米法系にパターンが分かれるのでしょうか？　また，プロベートがある国では信託がよく利用されていると聞きましたが，なぜでしょうか？

結論

アメリカやイギリスといった英米法系の国々では，国際私法については相続分割主義という特徴がありますが，財産分割の実体法ではプロベートにより財産を分割することになるという特徴があります。

プロベートとは，被相続人が亡くなり相続が発生すると，その財産全てがいったん裁判所の管理になり，相続税等を支払った後に残余財産があれば相続人に分割されるというものです。これは英米法系の国の特徴であり，大陸法系の国には見られません。

プロベートになると裁判所管轄となり，相続人であっても財産を承継するために裁判所の承認がいるため，一般的にいって処理が煩雑となります。しかし，相続前に信託が設定されていれば信託に基づき財産の承継が可能となります。ゆえに，プロベートがある英米法の国では，煩雑な裁判所手続であるプロベートを回避するための手段として信託が利用されているという側面があります。

解 説

1　清算管理主義（イメージは企業の破産手続）

英米法系の国では，相続についてプロベートという手続が必要となります。これは，相続が発生すると相続財産は裁判所の管理となり，そこで相続税を支払い，残余財産がある場合にのみ相続人により分割が可能というものです。企業法務に例えると，法人が破産をした場合に，破産法人の財産が裁判所管理になり，残余財産の分配をするというようなイメージです。ゆえに，清算管理主義と呼ばれています。なお，プロベートは実務的に，手間も費用もかかるというのが一般的です。

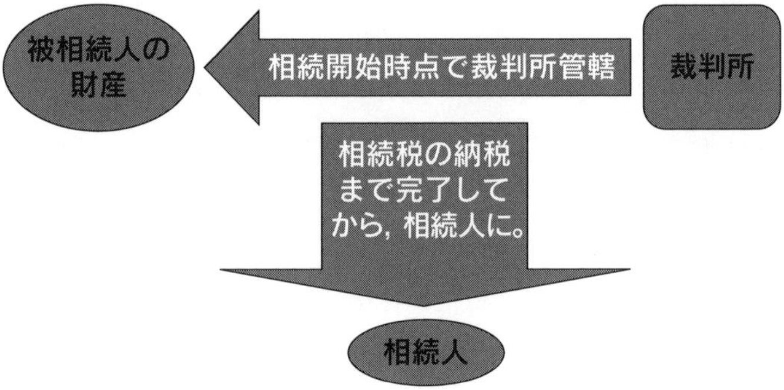

2　プロベートを回避する方法として信託を活用

上記のようにプロベートの適用があると，相続人は被相続人の債務，相続税を支払い，最終的に残余財産が確定するまで相続財産の分割を受けることができないことになります。また，手間も費用もかかる場合が多いです。そのため，生前に信託を活用して相続内容を生前に確定させ，プロベートを回避するという手法がプロベート制度のある国では広く利用されています。また，信託では相続人に財産を一時に相続させず，毎年一定額ずつ支給するなど，様々な条件の設定が可能となっています。

プロベード制度のある国で信託が設定されている場合

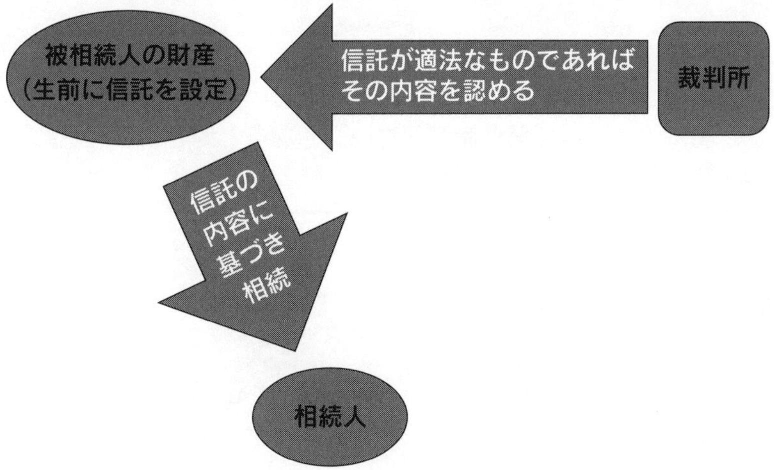

上記のように，日本と信託発祥の地である英米法国とでは，信託の設定の動機がかなり異なっています。英米法の国々では手間も費用もかかるプロベートを回避するため，財産形成者である被相続人が相続内容を確定させるべく信託を利用するというわけです。また，英米法の国々のほとんどでは戸籍制度がないため，生前に相続人を確認，確定させておくという効果もあります。いずれにせよ，英米法の「財産形成者である被相続人の権利を尊重する」という考え方が表れた制度ではないかと考えています。

国際私法

Q24 遺留分制度の内容と遺留分制度のない国

CHAPTER 2

相続に際し，日本の民法では兄弟姉妹以外の相続人には遺留分というものがあると聞きました。遺留分とはどういった制度でしょうか？また，国によっては遺留分制度がない国もあると聞きましたが，その際の注意点はどういったところでしょうか？

結 論

遺留分とは，被相続人の遺言があった場合も，法定相続人の最低限の権利の保障を認める制度です。遺留分は兄弟姉妹以外の法定相続人（配偶者，子，親）が，遺言により法定相続分以下の相続分となった場合も，法定相続分のうち一定割合は相続する権利を主張できるというものです（民 1042）。

ところが，この遺留分制度はお尋ねのように日本以外の国ではない国も多くあります。しかし，被相続人が日本国籍者である場合は，相続人が外国人であっても日本の法律に基づく遺留分がありますので，その制度を外国の相続人に説明し，理解してもらう必要があります。

解 説

1 遺留分とは

遺留分とは，法定相続人に認められた最低限の法定相続分のことです。法定相続分と異なった相続にすることも，遺産分割協議で合意できた場合や，遺言がある場合は可能です。しかし，法定相続分以下の相続分となった相続人は，法定相続分のうち一定割合については遺留分を主張した場合，相続できる権利があり，その相続できる権利を遺留分と呼びます。

【参考　民法1042条】

(遺留分の帰属及びその割合)
1042条　兄弟姉妹以外の相続人は，遺留分として，次条第1項に規定する遺留分を算定するための財産の価額に，次の各号に掲げる区分に応じてそれぞれ当該各号に定める割合を乗じた額を受ける。
一　直系尊属のみが相続人である場合3分の1
二　前号に掲げる場合以外の場合2分の1
2　相続人が数人ある場合には，前項各号に定める割合は，これらに第900条及び第901条の規定により算定したその各自の相続分を乗じた割合とする。

2　遺留分制度の傾向（大陸法系・英米法系）

なお，この遺留分はフランスのナポレオン法典に最初に記載された権利といわれ，大陸法系の国には遺留分制度がある国が多くなっています。一方，英米法系の国では，「遺言自由の原則」というものがあり，遺留分制度に関する考え方は薄いようです（別途配偶者に一定の権利を確保したり，扶養の義務などを考慮する考え方がある場合はあります)。英米法系の「遺言自由の原則」には，財産を形成した被相続人の財産処分に関する権利を重視する考え方が見て取れます。

3　遺留分制度のない国

遺留分制度のない国が被相続人の国籍国である場合，日本の民法のような遺留分の減殺請求はできないことになります。しかし，ここでも問題になるのは反致の適用がある場合です。例えば，相続分割主義の場合，不動産の相続は財産所在地の法律に反致されるため，日本に財産があれば日本の相続法の適用があり，当該財産のみ日本の相続法に基づき処理され，その財産のみ遺留分の減殺請求が可能ということになります。

4　適用となる相続法の確認と遺留分の有無

上記のとおり，世界には遺留分制度がない国もありますので，まず，適用となる相続法を確認し，さらにその法律で反致があるかどうかも確認したうえで，遺留分の適用があるか検討していく必要がります。

5　海外専門家への遺留分制度の説明の必要性

上記のとおり，世界的には遺留分制度のない国もあり，専門家ですら遺留分制度自体も知らないケースも当然あり得ます。外国国籍の相続人と遺産分割を協議するなかで，日本側から遺留分に関する請求があると，紛糾してしまうことが想定されますので，日本の遺留分制度について，外国側の専門家によく説明することも重要です。

国際私法

Q25 未分割の場合の相続税の計算（外国法による法定相続分を用いるケース）

CHAPTER 2

日本の相続税の計算において，法定相続人間で遺産分割協議がまとまらない場合は，相続税の計算は未分割として，法定相続分で相続したものとして計算すると聞きました。しかし，被相続人が外国人の場合，相続分は外国の法律による法定相続分が適用されると理解しています。その場合，相続税の計算はどのようになるのでしょうか？

結 論

被相続人が外国人の場合は，法の適用に関する通則法により被相続人の本国法が適用されます。この相続財産が未分割の場合の相続税総額の計算は，日本の法定相続分ではなく，被相続人の本国の法定相続分で取得したものにより計算することとされています。そのため，被相続人本国の法定相続分を確認する必要があります。

なお，この被相続人本国の法定相続分が計算上適用されるのは，未分割の場合に法定相続分で取得したものとする場合の計算のみで，その他の基礎控除の法定相続人数や，生命保険金，退職金の非課税計算などの法定相続人数については，日本の法定相続人の数により計算をしますので，ご注意ください。

解 説

1　未分割の場合の相続税額の計算

相続財産が日本の相続税の法定申告期限までに未分割の場合，日本では相続人が法定相続分で相続したものとみなして，相続税を計算することになっています。これは，通常は日本の民法の法定相続分ですが，被相続人が法定相続人で外国法による法定相続分が適用される場合は，法の適用に関する通則法により，被相続人の本国法が適用されることなるため，未分割の場合，被相続人の本国法に基づく法定相続分を使用して計算することになります。

被相続人が外国籍の場合：相続分の取得のみを被相続人本国の法定相続分に従って計算

【被相続人が外国人である場合の未分割遺産に対する課税】

【照会要旨】

外国人が死亡した場合における相続税の総額の計算は，日本の民法の規定による相続人及び相続分を基として計算することとしていますが，各人の課税価格を計算する場合において，遺産が未分割のときは，日本の民法の規定による相続人及び相続分を基として計算するのか又は本国法の規定による相続人及び相続分を基として計算するのかいずれによりますか。

【回答要旨】

法の適用に関する通則法第36条により相続は被相続人の本国法によることとされていますから，被相続人の本国法の規定による相続人及び相続分を基として計算することとなります。

【関係法令通達】

法の適用に関する通則法第36条

相続税法第55条

（国税庁ホームページ）

2　その他の法定相続人に関する計算は日本の法定相続人で計算

上記の取扱いは未分割の場合の法定相続分の計算のみで，他の法定相続分を用いる相続税法上の計算は，被相続人が外国国籍者であっても日本の法定相続分で計算をします。具体的には，基礎控除の計算，退職金，生命保険金の非課税などです。これは，未分割の場合の相続税の計算は，確定した相続税額の按分ですが，他は純粋に日本の相続税自体の計算に関わるところであるため，日本の法定相続分により計算を行うためと思われます。

■未分割の場合の相続税額（被相続人が外国国籍者の場合）

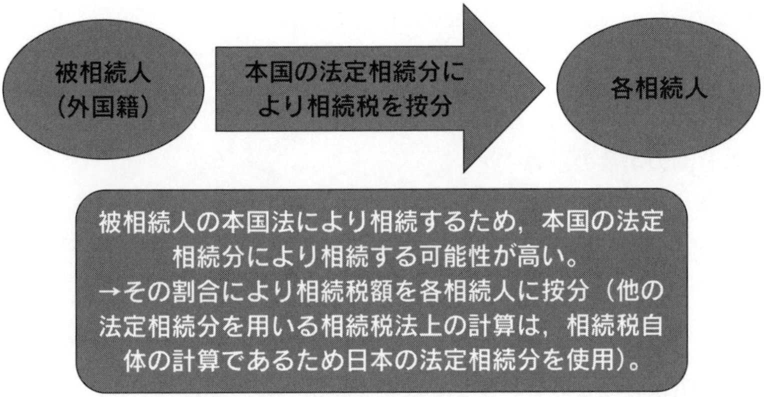

Column03　相続税申告未分割の恐怖（外国人配偶者Aさんの誤算）

相続税を申告する場合，相続人間で遺産分割（故人の財産をどうわけるか）が確定していれば，実際に分割した財産に基づき申告することになります。しかし，相続税の申告期限は相続発生の日（亡くなった日）から10カ月以内であるため，相続人間で意見が対立している場合，申告期限までに遺産分割がまとまらないケースがあります。その場合も相続税は申告しなければならず，特に国際相続の場合，思わぬデメリットがでてくるケースがありますので，そちらについて解説します。

1　未分割の場合の計算

相続税の申告期限までに相続人間で遺産分割がまとまらない場合，法定相続人が法定相続分に基づき分割したものとみなして相続税申告を行わなければならないこととされています。その場合，分割が成立した場合に比べ，いくつかデメリットといえるポイントがあります。

2　国内相続の場合のデメリットと更正の請求の可能性

まず，国内相続の場合は，①配偶者の税額軽減，②小規模宅地の減額が使えないというのが大きなデメリットとなります。ただし，こちらは相続税の申告書に「申告期限後3年以内の分割見込書」を添付して提出し，3年以内に分割が行われた場合には分割が行われた日の翌日から4カ月以内に「更正の請求」を行うことで，適用後の税額による還付を受けることはできます。

3　国際相続の場合にプラスアルファで発生するデメリット

国際相続の場合，もうひとつ意外なデメリットがあります。これは未分割の場合，「全ての財産を法定相続分で分割したものとして申告しなければならない」という点です。どういうことかと申しますと，例えば国際相続で法定相続人に非居住制限納税義務者（外国に一定期間以上住んでいる者等が，非居住被相続人等から財産を相続した場合等）がいる場合，分割で取得した相続財産が国外財産だけであれば日本の相続税は課税されません。しかしながら，未分割であると全相続財産のうちに国内財産があれば必ず国内財産も法定相続分は相続したものとみなして申告するため，日本の相続税が発生してしまうという不思議な現象が生じるというものです。

4　外国人配偶者Aさんの誤算

例えばこんなケースが考えられます。日本人の被相続人（男性）に，実子が2人おり，実子の母親である前配偶者とは死別，新たに外国人配偶者Aさんと被相続人が再婚し，Aさんの母国で被相続人が長年暮らしていたとします。そこで，被相続人が亡くなってしまった場合，Aさんには法定相続分2分の1の権利があるわけですが，実子2人とは仲が悪く遺産分割が成立しません。そこでAさんは国外財産の大半がAさんの母国にあったため，Aさんは母国の地の利を生かしてそちらの財産をすべてAさんが相続するものとして相続手続をしてしまいました。日本の相続税については，Aさんは国内財産を相続するつもりはなかったので発生しないとタカをくくっていたら，未分割のため日本の国内財産の2分の1について相続税の納税義務が発生してしまうことを後から知り，予想外の負担を強いられる結果となったというケースです。この未分割問題をみても，国際相続は各国の相続法，相続税法が重層的に絡みますのでやはり難易度が高いといえるかと思います。

国際私法

Q26 世界の相続税の傾向（遺産課税方式と遺産取得課税方式）

CHAPTER 2

先ほどの内容で，国際相続の民法関係の取扱いについては理解しました。相続税，贈与税に関しては各国でどのようになっているのでしょうか？　注意すべき点はどういったところでしょうか？　また，世界の相続税にはパターン別の傾向などはあるのでしょうか？

結 論

相続税，贈与税についてももちろん各国で異なります。大きな特徴としては，①相続税，贈与税制度がある国と，②相続税，贈与税制度がない国に分かれます。さらに，①相続税，贈与税がある国も，(1) 遺産課税方式の国と，(2) 遺産取得課税方式の国に分かれます。②相続税，贈与税のない国は，香港や，シンガポールといったそもそもキャピタルゲイン課税がないタックスヘイブン的な国・地域のほか，他の税金については一般的な課税を行う国々でも相続税はないという国が結構あります（オーストラリア，フランス，カナダなど）。

相続税，贈与税のある国は，被相続人に納税義務のある遺産課税方式の国（アメリカ），財産を取得した相続人に納税義務のある遺産取得課税方式の国（日本）に分かれます。これらの区分は，先述の国際私法，実体法の大陸法系諸国，英米法系諸国との区分とは異なる区分のされ方になっています。

解 説

1　相続税のない国

世界には相続税・贈与税制度がない国というのもかなりあります。いわゆるタックスヘイブン的な国や，また，他の税金についてはそれなりの税率にもかかわらず，相続税はないという中国やフランスのような国もあります。これは，国の成り立ちや，文化，習慣，現実的な税金徴収技術などが影響しているため，相続税がなじまないという背景もあるようです。

一方で，カナダなどは，相続税は廃止したもののキャピタルゲイン課税を結果的に徴収する税制度を導入しており，単純に相続税がないからといって必ずしも税負担がないとはいえません。一方で，当該税金は，日本の相続税の外国税額控除に規定する「相続税に相当する税金」には該当しないため，外国税額控除は受けられないことになります。ただし，世界的傾向をみると相続税，贈与税は縮小，廃止の方向に向かっている税金といえるようです。

相続税のない主要国・地域は，香港，中国，シンガポール，マレーシア，オーストラリア，ニュージーランド等です。

▌イメージ図

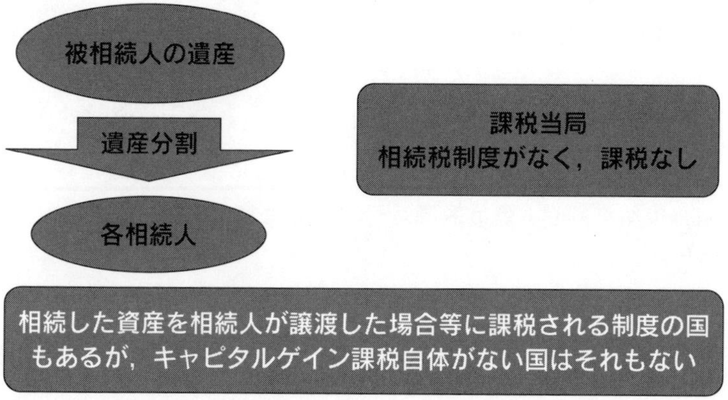

2　相続税のある国

相続税のある国ももちろんあります。世界の相続税は大きく，以下の２種類に大別されます。

(1)　遺産課税方式の国

遺産課税方式は，各相続人の財産の取得状況にかかわらず被相続人の遺産そのものに税金が課される方式です。当該方式を採用している主要国・地域は，韓国，台湾，米国，英国，ベルギーになります。

相続人の財産取得状況にかかわらず課税してしまうため，英米法系のプロベート方式の相続法を採用している国と相性が良いといえます。

イメージ図

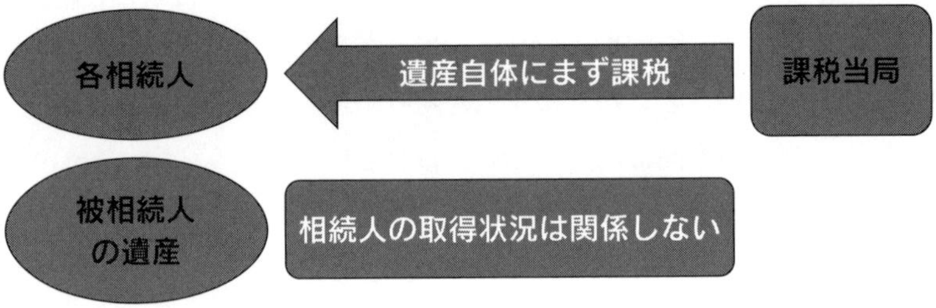

(2) 遺産取得課税方式の国（相続人の財産取得状況に応じて課税）

遺産取得課税方式は，相続人が取得した遺産について課税をする計算方式です。

なお，日本は遺産取得課税方式ですが，厳密にいうと法定相続分遺産取得課税方式となります。これは，相続人が法定相続分により取得したものとして計算した相続税額を再度実際に取得した相続分に基づき按分をする計算方法をとっているためです。

イメージ図

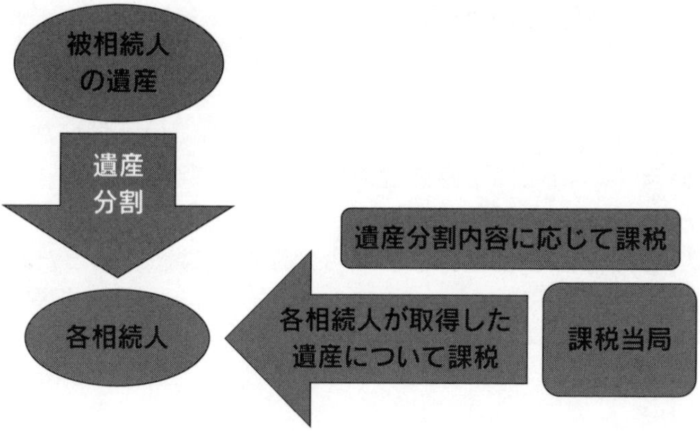

3　二重課税と外国税額控除

相続税の課税状況やタイミングは様々ですので，国際相続の場合は二重課税が発生する可能性があります。その場合は外国税額控除の適用がある可能性があります。

例えば，被相続人が米国居住者で，相続人が日本居住者の場合，米国では遺産課税方式を採用しているため，遺産について被相続人の遺産自体に課税され，プロベートを通じて遺産自体が納税義務主体となりますが，日本では相続人の取得した財産を対象に相続人が納税義務者となり，二重課税が生じます。この場合は国外財産のうち二重課税が生じた部分について外国税額控除の適用がある可能性があります。

国際私法

Q27　相続税租税条約

CHAPTER 2

国際関係の税務の場合，租税条約が締結されている場合が多いと理解しています。相続税，贈与税の場合も租税条約の適用はあるのでしょうか？　また，日本と締結している国はどこでしょうか？　締結されている場合とされていない場合の注意点はどういったところでしょうか？

結 論

相続税の租税条約は，日本は現在のところ米国としか締結をしていません。これは，日本の相続税が遺産取得課税主義をとっており，遺産課税方式の国とは相性が悪く，現実的に難しいことが原因と考えられています。

解 説

1　租税条約と相続税租税条約

租税条約について，現在日本は 83 条約，150 カ国，地域と締結していますが，相続税に関する租税条約は米国としか締結をしていません。これは，米国自身は 15 カ国と締結をしていますが，日本の相続税が遺産取得課税方式であるため，遺産課税方式の国とは多くの調整を要するためと考えられています。

イメージ図

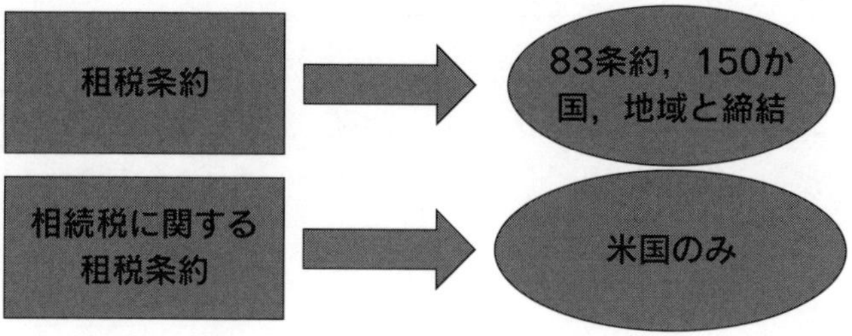

2　米国との相続税租税条約と背景

これに対し米国は比較的多くの国（15ヵ国）と相続税租税条約を締結しています。これは，米国国籍者は世界のどこに居住していても米国居住者であり，海外にいても世界各地から申告，徴税することを前提としているため，相続税租税条約についても積極的に締結しているからではないかと思われます。

3　未締結の理由と今後

そもそも相続税自体がない国が数多くあるということと，相続税の租税条約が被相続人の居住地に着目する住所地型の租税条約と財産の所在地に着目する財産所在地型の租税条約の２つがあり，相続人が納税義務者であり財産所在地型である日本の相続税では，住所地型の相続税租税条約を締結することが困難であるというのが理由のひとつのようです。

イメージ図

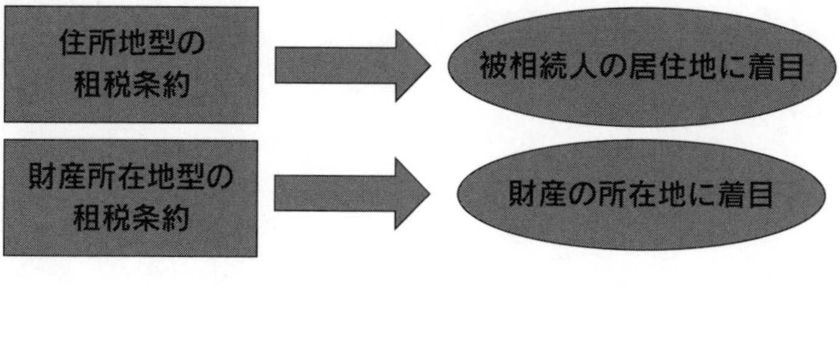

Column**04**　国境をまたぐ養子縁組

国際交流の活発化に伴い，国際結婚も珍しいことでは全くなくなっています。また，離婚や再婚なども当然あり，国境をまたいで前配偶者との子供（いわゆる連れ子）を養子縁組するというケースもあります。今回はそういった場合について解説をします。

＜例＞

日本人の夫と，中国人の妻でともに再婚。中国人の妻には前夫の間に子供があり，その子供を日本人の夫との養子にしたい。

1.　外国籍の子供の養子縁組と養子縁組手続の相違

①　日本の養子縁組の手続

日本の養子縁組手続は，離婚した場合は，実親は親権者（片親）と，養親となる者の同意があれば通常成立します。

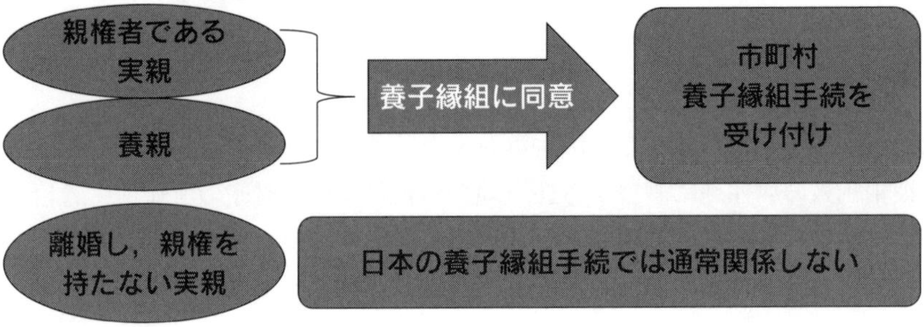

②　中国の養子縁組の手続

これに対し，中国の養子縁組は，離婚した場合も両親が存命である場合は，親権を持たない者の同意も必要になります。ゆえに，日本の養子縁組手続に比べ，離婚した相手に同意をもらわなければならないという点を考えると，現実的にはかなりの手間がかかるといえます。

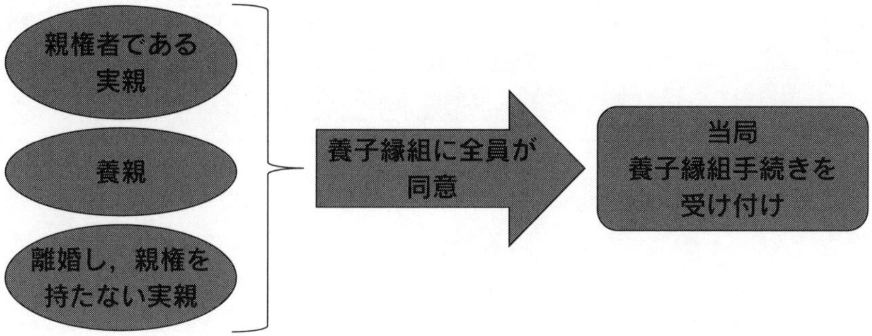

2. 管轄権はどこか？

この場合，日本で養子縁組をする場合はどのようになるのでしょうか？養子と親権を持つ親が日本にいる場合は，日本側の手続は親権者と養子だけで完結し，日本の法律上は養子とすることが実務的には可能のようです。これは法律の管轄権の問題で，日本にいれば日本の法律が及ぶという考え方によるものです。

3. 来日後に養子縁組（本国でも同様の手続をしているものとの前提）

ゆえに，中国にいる間は中国法の管轄となり，日本にいれば日本の管轄で法が執行されるため，養子自体が来日していれば，日本の法に基づき，日本の法律上親権者の同意で養子縁組をすることが可能のようです。しかしながら，法務局の前提としては，その後その養子縁組手続を中国側でもフィードバックして養子縁組手続を行っているという前提で，日本側での養子縁組手続を行っているという建て付けのようです。

日本の相続税

Q28 居住無制限納税義務者，非居住無制限納税義務者，居住制限納税義務者，非居住制限納税義務者の概念

CHAPTER 2

日本では相続税についても，所得税の居住者，非居住者のような概念があり，その属性により課税関係が異なると聞きました。どういう属性があるのでしょうか？　また，その特徴や注意すべきところはどういった点でしょうか？

結 論

日本の相続税では，相続人等の居住地や国籍，過去の贈与の関係の有無により，以下の種類に納税義務者を区分しています。

① 居住無制限納税義務者

② 非居住無制限納税義務者

③ 居住制限納税義務者

④ 非居住制限納税義務者

⑤ 特定納税義務者

このうち，一般的な国内の相続の相続人はほとんどが①です。国際相続の場合は，②～④の相続人が出てくる可能性がありますが，課税関係については②は障害者控除がない以外は，ほぼ①と変わりません。要注意なのは，③，④の居住制限納税義務者，非居住制限納税義務者です。③，④の居住制限納税義務者，非居住制限納税義務者のみが，国外財産に課税がされない可能性がある相続人となります。しかしながら，その要件は改正により非常に厳格になっており，制限納税義務者に該当するには様々な条件をクリアしなければなりません。基本的なパターンとしては，被相続人，相続人が日本国内に住所を有するか否かで判断しますが，例外的に日本に駐在していた外国人家族などの場合は，日

本国内に住所を有していても，居住制限納税義務者になる場合があるなど，その判定はかなり複雑になっています。

また，特定納税義務者については，過去に被相続人から相続時精算課税による贈与を受けた者で，今回の相続で相続人となっていない者のことです。そのため，相続時精算課税過去の相続時精算課税の申告書を確認する必要があります。

解 説

日本の相続税では，相続人は以下の種類に区分されます。

1 居住無制限納税義務者

(1) 税法上の定義

相続税法では，居住無制限納税義務者は相続又は遺贈により財産を取得した個人で，その財産を取得した時において日本国内に住所を有するもので次に掲げる者と定義されています（相法1の3一，1の4一）。

① 一時居住者でない個人→日本に長期的に住んでいる個人を意味しています。

② 一時居住者である個人（その相続等に係る被相続人等が外国人被相続人又は非居住被相続人である場合を除く）→日本に短期的に住んでいる者でも，国内に住所を有する被相続人等から相続した相続人を意味しています。

上記のとおり，一時居住者が外国人被相続人や，非居住被相続人から相続をした場合は除くこととされています。非常にわかりにくい表現になっていますので，順を追って読み解いていきます。

まず，用語の定義と，想定している具体的な人物像を整理してみます。

a 一時居住者とは？

相続開始の時において在留資格を有する者であって，その相続開始前15年以内において国内に住所を有していた期間の合計が10年以下であるもの。

→日本に駐在する外国人駐在員，その家族などを想定していると思われます。

b　外国人被相続人

相続開始の時において在留資格を有し，かつ，国内に住所を有していたその相続に係る被相続人であるもの。

→日本に駐在していて亡くなった外国人駐在員，その家族などを想定していると思われます。

c　非居住被相続人

相続開始の時において国内に住所を有していなかったその相続に係る被相続人であって，次に掲げるもの

イ　その相続開始前10年以内のいずれかの時において国内に住所を有していたことがあるもののうち，そのいずれかの時においても日本国籍を有していなかったもの。

→10年以内に日本に住所を有していたことがある外国人被相続人を想定しています。

ロ　その相続開始前10年以内のいずれの時においても国内に住所を有していたことがないもの。

→10年以内に日本に住所を有していなかった者（日本人，外国人両方）を想定しています。

(2) 上記の特殊な定義の意味

①　たまたま日本に住んでいた外国人（一時居住者）や，

②　たまたま日本に住んでいて亡くなった外国人（外国人被相続人）

③　日本に住所を有していない者が亡くなった場合で，10年以内に日本に住所を有していたが外国人であるもの又は10年以内に日本に住所を有していなかった者（日本人，外国人両方）

については，純然たる日本の居住者と同じように国外財産に課税しては酷である，もっというと相続税が高額であるため，高級人材である外国人が日本に駐在することを敬遠するという現実的な問題が生じたため，それを防ぐための政策的配慮により設けられた規定といわれています。

ゆえに，居住無制限納税義務者については，たまたま日本に住んでいた一時居住者のうち，たまたま日本に住んでいた外国人被相続人又は日本に住所を有しない外国人被相続人や，10 年以内に日本にいなかった全ての被相続人から相続した者については除くこととされています。

一時居住者，外国人被相続人，非居住被相続人の整理

	一時居住者	外国人被相続人	非居住被相続人
定義	日本に住所，在留資格を有し，その相続開始前 15 年以内において国内に住所を有していた期間の合計が 10 年以下であるもの	日本に住所，在留資格を有するもの	①　日本に住所を有していないが，10 年以内に日本に住所を有していた外国人 ②　日本に住所を有しておらず，10 年以内に日本に住所を有したこともない者（日本人含む）
イメージ	日本に駐在する外国人・その家族	日本駐在中に亡くなってしまった外国人又は家族	①　10 年以内に日本に住んだことがあり，亡くなった際には外国に住んでいた外国人 ②　10 年以上日本に住んでいない全ての人（日本人含む）
特徴，相続税法上の効果	居住制限納税義務者になれる可能性がある	相続人が居住制限納税義務者，非居住制限納税義務者になれる可能性がある	同左

(3) 居住無制限納税義務者が最も一般的な属性

居住無制限納税義務者は通常の相続では最も一般的な相続人で，日本の相続における相続人の大半がこれに該当します。わかりやすく言うと，「ずっと日本に住んでいる相続人」です。日本に住んでいる通常の相続人ですので，課税範囲は最も広く，相続財産については，国内財産，国外財産全てに課税されます。一方で，障害者控除などの控除も全て適用となります。

2　非居住無制限納税義務者（税法上の定義）

非居住無制限納税義務者は日本国内に住所を有しない者のうち，以下が該当します。非居住無制限納税義務者は国外財産も課税されますので，日本に住所を有していなくても全財産に課税しますよという属性になります。

（1）日本国籍者の場合

相続又は遺贈により財産を取得した日本国籍を有する者で，住所を有しない者のうち以下に該当するものをいいます。

イ　日本国籍を有する個人であって，その相続等に係る相続開始前10年以内のいずれかの時において国内に住所を有していたことがあるもの。

→相続開始時には日本に住所を有していなかったが，10年以内のいずれかに日本に住所を有していた者を想定しています。要は相続時にたまたま日本にいなかった者でしょうという判断です。

ロ　日本国籍を有する個人であって，その相続等に係る相続開始前10年以内のいずれかの時において国内に住所を有していたことがないもの（被相続人が外国人被相続人，非居住被相続人である場合を除く）。

→10年以上に日本に住所を有していない日本国籍者であるが，日本に住んでいる日本国籍の被相続人から相続した相続人を想定しています。

（2）外国国籍者の場合

日本国籍を有しない者（その相続に係る被相続人が外国人被相続人，非居住被相続人である場合を除く）。

上記のとおり国内に住所を有しない日本国籍を有する相続人や，外国人で，被相続人が外国人被相続人，非居住被相続人以外から相続した場合が該当します。

上記の場合は，非居住者であることを相続税法上認めているものの，課税の範囲は国外財産も含めて全財産に課税されます。文字どおり，「非居住だが無制限に課税されてしまう」わけです。国外財産への不課税は適用されないことになり，非居住となっても納税者にとってのメリットはあまりありません。

3　居住制限納税義務者

相続等により国内にある財産を取得した個人で，その財産を取得した時において国内に住所を有するもので上記「1　居住無制限納税義務者」以外の者をいいます。

外国人駐在員及び家族等救済措置のため一時居住者等は居住制限納税義務者に

基本的には，国内に住所を有する者は居住無制限納税義務者に該当しますが，例外的に一定の一時居住者は，居住制限納税義務者に該当します。

具体的には外国人被相続人又は非居住被相続人から財産を取得した一時居住者は居住制限納税義務者になります。これは，主に日本に仕事で駐在していた外国人の帯同家族や，長期的には国外居住者であるにもかかわらず，たまたま日本に住んでいた相続人が相続により財産を取得した場合です。こうした者に対し相続時に日本に居住しているだけにもかかわらず，通常の居住者と同じように，全財産に相続税が課されるのは不合理という救済措置的な考え方によるものです。

■イメージ図

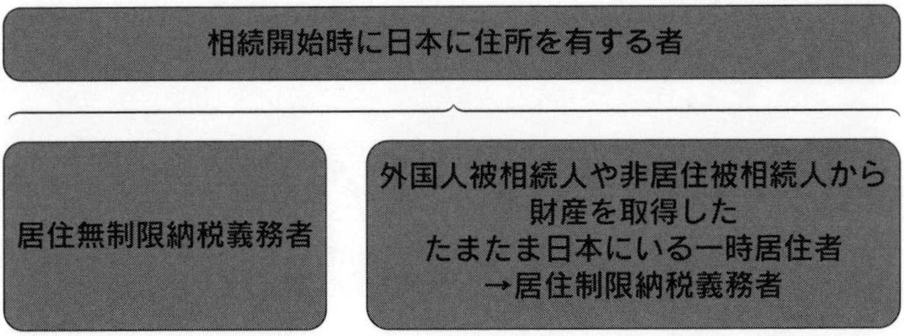

4　非居住制限納税義務者

相続等により国内にある財産を取得した個人で，その財産を取得した時において国内に住所を有しないもので上記「2　非居住無制限納税義務者」以外の者をいいます。

外国人駐在員及び家族，国外長期居住日本国籍者等の救済措置のため，一定の非居住者は非居住制限納税義務者に

2の非居住無制限納税義務者は，居住無制限納税義務者同様，外国人被相続人，非居住被相続人から財産を取得した一定の非居住者は該当せず，それらの者は非居住制限納税義務者に該当します。これは，居住制限納税義務者の場合同様，主に日本に仕事で駐在する外国人家族やたまたま日本に住んでいた外国人相続人に相続が発生した場合の救済措置で，たまたま被相続人が相続開始時に日本に駐在していただけ，あるいは住んでいただけにも関わらず長期的な日本居住者である被相続人から相続した場合と同じように国外財産にも相続税が課税されてしまうのは不合理という考え方によるものです。

イメージ図

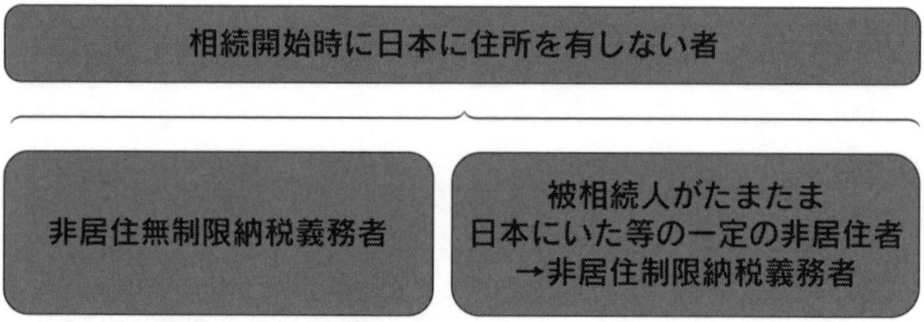

5　特定納税義務者

特定納税義務者は，過去に被相続人から相続時精算課税による贈与を受けて居た者で，相続人でない者が該当します。趣旨としては，相続により財産を取得した者は上記1～4のどれかに該当しますが，相続時精算課税による贈与のみを受けた者で，相続により財産を取得していない者は，贈与時のみの課税だけですと仮の課税のみで最終的な課税が完結しないため，ここで特定納税義務者として納税義務を課し，相続時精算課税による贈与により取得した財産を，相続税を課して課税を完結さ させるため，特定納税義務者として納税義務を課しているという形になります。

▌イメージ図

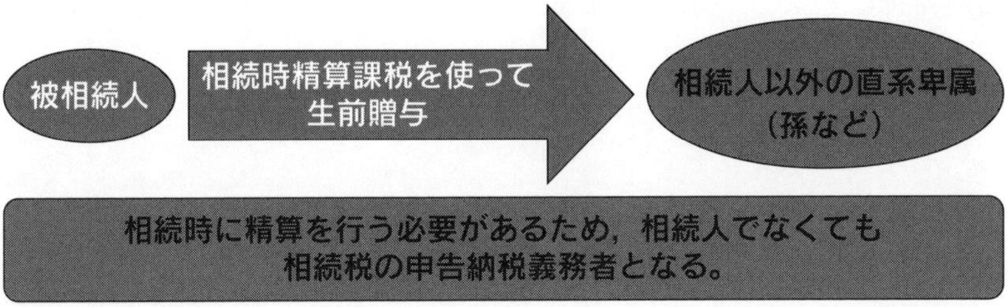

6　実務的注意点

上記のとおり，相続税の納税義務者の概念は非常に複雑なものとなっていますので，間違いなく納税義務者を確定していくには以下の手順で進めていくのが有効です。

(1) 相続人の確定

まずは，戸籍等で法定相続人を確定します。ここで，外国国籍者が出てくると，外国の戸籍に相当する情報も確認する必要があります。

(2) 遺言の確認（受遺者の確認）

次に遺言を確認する必要があります。①の法定相続人以外でも遺言により贈与された者が，遺言により財産の遺贈を受ける可能性があります。

(3) 生前贈与，相続時精算課税による贈与の確認

過去の贈与税，相続時精算課税の申告書及び預貯金の入出金履歴から被相続人からの贈与のうち，相続時精算課税による贈与がないかどうかを確認します。①の法定相続人，②の受遺者以外の者でも，相続時精算課税による贈与を受けた者は相続税の申告納税義務者となります。

(4) 相続人の分類

上記で相続人が確定したら，被相続人及び相続人居住地及び居住期間等の要件を確認して，①居住無制限納税義務者，②非居住無制限納税義務者，③居住制限納税義務者，④非居住制限納税義務者，⑤特定納税義務者のいずれに該当するか判断していくことになります。

日本の相続税

Q29 国際相続の場合に適用がなくなる相続税の制度

CHAPTER 2

国際相続の場合に，国外財産に対する不課税の可能性や，外国税額控除の不適用以外にも，相続人が非居住無制限納税義務者や制限納税義務者の場合には，適用がない制度があると聞きました。どういった制度でしょうか？

結 論

▶ 居住制限納税義務者，非居住制限納税義務者には未成年控除の適用はありません。

▶ 非居住無制限納税義務者，居住制限納税義務者，非居住制限納税義務者には，障害者控除の適用はありません。

外国税額控除は，居住制限納税義務者，非居住制限納税義務者は国外財産に課税されないため，適用はありません。

そのほか，国外財産の物納，延納などは認められていません。なお，小規模宅地の減額については，税法上は国外財産も要件にあてはまれば適用できると解釈されます。

解 説

1 納税義務者の属性により適用がない控除規定

相続税法では，国外財産に対する課税や外国税額控除など，外国関係の有無で明らかに取扱いが変わりそうな規定のほか，その他にも納税義務者の属性により，適用の有無が異なるものがあります。

具体的には，

① 居住制限納税義務者，非居住制限納税義務者の場合には，障害者控除及び未成年控除の適用はなく

② 非居住無制限納税義務者，居住制限納税義務者，非居住制限納税義務者には，障害者控除の適用はありません。

③ 居住制限納税義務者，非居住制限納税義務者は，国外財産には日本の相続税は課税されず，二重課税が生じないため外国税額控除の適用はありません。

一覧表にすると以下のとおりです。

納税義務者の属性による控除の相違一覧

控除及び税額控除	①居住無制限納税義務者	②非居住無制限納税義務者	③居住制限納税義務者	④非居住制限納税義務者
未成年者控除	○	○	×	×
障害者控除	○	×	×	×
外国税額控除	○	○	×※国外財産には日本の相続税が課税されないため，二重課税が生じない。	同左

2 小規模宅地の適用

意外ですが，小規模宅地の減額の規定の適用は可能です。要件を満たしていれば外国の不動産であっても適用が可能であることになります。

3 物納

そのほか，国外財産の物納はできません（相法41②）。現実的に物納として国庫が収納しても国外財産は換金が難しい場合があることが理由と思われます。

日本の相続税

Q30 住所の定義（所得税と相続税の相違）

CHAPTER 2

相続税の計算において，居住者，非居住者ごとにステータスが異なるため，住所の所在が非常に重要なポイントであると認識しています。住所の所在は税法上，どのように決定されるのでしょうか？　また，所得税と相続税で住所の所在の定義が若干異なると聞きましたが，どこが違うのでしょうか？

結 論

相続税に関しては，相続自体は民法の規定を借用し，課税に関するところのみ税法独自で規定をしています。ゆえに，住所の所在そのものは税法では定義されておらず，民法からの借用概念となっており，民法第22条により，「各人の生活の本拠」とされ，「生活の本拠であるかどうかは客観的事実により判定」(相基通1の3・1の4共-5) となっています。

所得税も同様ですが，所得税では上記に加えて住所の推定規定があります。「国内に継続して1年以上居住することを通常必要とする職業を有する場合」，居住者と推定するとされ，「国外に継続して1年以上居住することを通常必要とする職業を有する場合」，非居住者と推定するとされています。

解 説

1　民法第22条の住所の定義・相続税法基本通達との相違

税法そのものには，住所の所在に関する定義はなく，民法第22条の概念を借用しています。民法第22条では，「各人の生活の本拠はその者の住所とする」とされており，相続税基本通達では，「各人の生活の本拠をいうのであるが，その生活の本拠であるかどうかは客観的事実」により判定するものとするとされています。つまり，住民票があるかどうかなどの形式的な判断ではなく，実体に基づき客観的，総合的に判断をすることになります。

2　所得税との相違・推定規定の有無

一方，所得税でも同様に「客観的事実により判定」(所基通 2-1) とされています。しかし，所得税ではそれに加えて以下の推定規定があります。

「国内に居住することとなった個人が，国内に継続して 1 年以上居住することを通常必要とする職業を有する場合」は居住者と推定し (所令 14),「国外に居住することとなった個人が，国外に継続して 1 年以上居住することを通常必要とする職業を有する場合」は非居住者と推定する (所令 15) とされています。ゆえに，推定規定に該当する場合は相続税と所得税で住所の有無の判断が異なるという不思議な現象が生じます。

3　所得税と相続税の相違の理由

こういった相違が生じる理由は，相続税の国庫に占める税収は，所得税，法人税に比べると少ないためといわれています。ゆえに，詳細な規定は所得税，法人税に比べると少なくなっています。

▌イメージ図・住所の定義

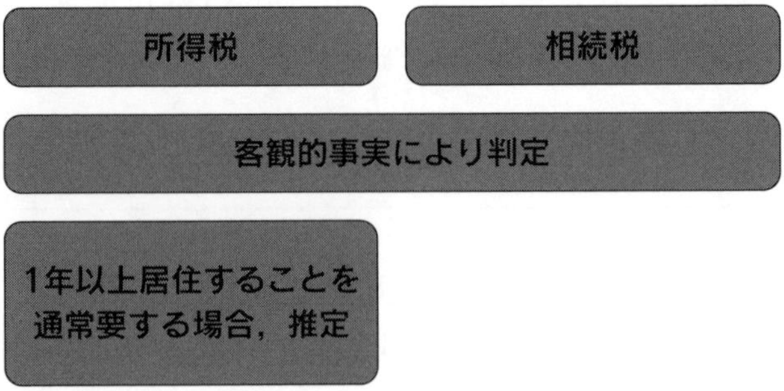

各国の事例（米国）

Q31 米国国内に金融口座保有する日本居住者に相続が発生した場合

CHAPTER 2

A氏は日本国籍を有する日本居住者で，米国上場会社を親会社とする日本子会社B社において数十年間勤務していましたが，2022年4月に相続が発生しました。

A氏のB社における勤務の間に，米国の親会社の株式報酬制度によってこれまで何度も親会社株式を付与されてきました（付与された株式は日本で給与所得として適切に申告しています）。A氏は付与されて株式を売却等する一方で，米国現地の金融口座で証券投資信託などの購入，預金口座を開設していました。

各々の口座の残高は次のとおりとなっています。日米の課税の取扱いについて教えてください。

なお，A氏の相続人（法定相続人3人）は全員，日本におり，米国以外の相続財産は日本にある財産4億円となります。

① 米国NY州の証券会社に証券口座（株式，投資信託など時価40万USドル）

② 米国NY州所在の銀行に預金口座（残高5万USドル）

結論

A氏の米国の金融機関を経由して保有する株式，投資信託及び預金は米国所在財産に該当し，米国遺産税の課税の対象となります。このうち銀行預金（米国事業用預金を除く）は米国国内税法上，米国所在財産から除かれ米国遺産税の課税の対象となりませんが，相続時点のA氏の米国所在財産の合計額が40万USドルと米国遺産税法上の基礎控除額6万USドル（課税遺産額ベース／米国非居住者）を超えるため，米国で遺産税を申告・納付する必要があります。

A氏の相続財産の合計額は日本の相続税法上の基礎控除（本ケースでは4,800

万円と仮定）も超えるため，日米の全ての相続財産ついて日本の相続税の申告・納付が必要となります。なお，米国で納付することとなる米国遺産税のうち一定の金額は，外国税額控除制度の適用により日本で納付する相続税の額から控除することができます。

ポイント

▶ 米国にも遺産税や贈与税があり，被相続人の相続，生前贈与に伴い財産の所有権が移転する時に納税義務が生じます（納税義務者は被相続人，贈与者）。
▶ A氏は，米国遺産税法上，非居住者に該当します。
▶ 米国所在財産の合計額が6万USドル（米国非居住者に対する基礎控除額）以上の場合，遺産税を申告・納付する必要が生じます。
▶ 銀行預金（米国事業用預金を除く）は，米国国内法上，米国所在財産から除かれていますが，日本の相続税の計算上は含める必要があります。
▶ 米国遺産税の申告・納付期限は相続発生の日から9カ月以内となります。

解説

1　日本国内法（相続税法）の納税義務と課税財産の範囲

日本の相続税法の納税義務者は相続又は遺贈により財産を取得した個人となり，被相続人又は相続人の国籍及び住所地によって3つに分類されます。

a　居住無制限納税義務者

相続発生時点において日本に住所がある（一定の外国国籍者を除く）者です。全世界所在の相続財産が課税の対象となります。

b　非居住無制限納税義務者

相続発生時点において日本に住所がないものの（被相続人又は相続人のいずれかの者の相続発生前10年以内に日本に住所があった者），日本国籍保有者です。全世界所在の相続財産が課税の対象となります。

c　制限納税義務者

相続発生時点において日本に住所がなく，上記②以外の者です。日本国内に所在する財産だけが課税の対象となります。

今回のケースでは相続人は，全員，日本に住所があるため上記①の居住無制限納税義務者に該当し，A氏が保有していた全ての財産について日本の相続税の申告・納税義務が生じます（相法1の3，1の4）。

また，全世界所在の財産（本ケースでは日本及び米国）が課税財産の範囲となります（相法2，2の2）。

2　住所の定義

(1) 日本の判定

相続税法又は贈与税法上，その定義は明確に規定されておらず，民法第22条の借用概念とされています。民法第22条では住所とは「各人の生活の本拠はその者の住所とする」とし，相続税法基本通達では，住所とは各人の生活の本拠をいうのであるが，その生活の本拠であるかどうかは，「客観的事実によって判定するものとする」としています（相基通1の3-1の4共-5）。

したがって，例えば，相続発生時点で被相続人が米国に駐在していたとしても被相続人の米国での居住期間，家族の居場所及び仕事との関連性など，被相続人の実質的な状況を考慮する必要があります。A氏はB社の出向指示により米国親会社へ駐在することとなったこと，A氏の家族は日本に残し単身赴任していたことを鑑みると，日本に住所があったと判断できます。

(2) 米国の判定

他方，米国国内法では被相続人が相続時に米国市民・米国居住者である場合は無制限納税義務者に該当し，全ての財産が課税の対象となる一方，米国市民でも米国居住者にも該当しない被相続人は制限納義務者に該当し，米国国内に所在する財産のみが遺産税の課税の対象となります。

ここでいう米国市民とは米国市民権保有者（米国出生者を含む）をいい，また米国居住者とは永住の意思をもつ居住外国人を指します（Tax resident）。米国所得税法にも米国滞在日数等を基準とする所得税法の米国居住者の定義がありますが，遺産税の米国居住者の定義とは異なります。

3　米国遺産税の概要（被相続人が米国非居住者の場合）

① 米国にも相続税や贈与税があり，被相続人の死亡に伴い財産の所有権が移転するときに課税されます（納税義務者は被相続人）。また，生前に財産の所有権が移転される場合には贈与税が課税されます（納税義務者は贈与者）。

② 米国所在財産の価額が6万USドル以上（課税遺産額ベース）の米国非居住者（例・日本居住者）に相続が発生した場合，遺産税を申告・納付する必要があります。

③ 銀行預金（米国事業用預金を除く），生命保険契約は米国国内税法上，米国所在財産から除かれています。

④ 日本と米国の間には遺産税，相続税及び贈与税に関する条約が締結されています。

⑤ 米国遺産税の申告期限は相続発生後9カ月以内となります。

⑥ 遺産税（連邦税）のほか，州によっては州税として遺産税（相続税）や贈与税が存在します（本事例のNY州では州税として遺産税の制度があります）。

4　米国遺産税の納税義務者

日本の相続税は被相続人の死亡により財産を取得する相続人に対して課税される一方，米国の遺産税は被相続人の死亡により財産の権利が移転する時に被相続人の残した遺産に対して課税されます。つまり，納税義務者は被相続人となります。しかし米国で相続が発生した場合には制度上，被相続人の有していた権利・義務は被相続人の人格代表者（遺言執行人（executor）・遺産管理人（Administrator））に帰属し人格代理者が財産を整理・清算・申告するため，被相続人の人格代表者が納税義務者となります。

5　課税財産の範囲（米国国内に所在する財産）

米国国内に所在する財産の範囲は米国国内法と（日米）租税条約によって定められており，米国国内法と租税条約の規定は概ね同じとなります（下図参照）。

しかし，預貯金（非事業用預貯金）と生命保険については米国外からの資金流入を促進するという政策的配慮から米国所在財産から除外されています。

■財産の範囲

	米国国内法	租税条約
不動産	所在地	所在地
動産	所在地	所在地
貸付金債権	債務者の居住地	債務者の居住地
株式・社債	発行法人の本店	発行法人の本店
預貯金	米国国内預金 （米国事業に関連するものに限る）	債務者の居住地
生命保険	―	保険会社の居住地

6　統一移転税制と統一移転税額控除（Unified Credits）

米国では被相続人（贈与者）が生涯を通じて行う相続，贈与について累積的に税額を計算する統一移転税制を採用し，統一移転税額控除という被相続人（贈与者）の生涯に与えられる基礎控除（2022年は課税遺産額ベースで1,206万USドル）が定められています。

贈与を行う都度この税額控除額を充当していき残額がなくなったところから贈与税や遺産税が課税されます。しかし，被相続人が米国市民又は米国居住者に該当しない場合，基礎控除（課税遺産額ベース）は6万USドルに限られます。

7　相続に関する日米租税条約

米国は日本と相続に関する租税条約を締結しており，連邦遺産税及び連邦贈与税（日本については相続税及び贈与税）を対象税目としています（日米相続条約1）。

米国の一部の州に存在する遺産税（相続税）や贈与税は日米相続条約の対象とされていません。

8　統一移転税額控除と日米相続条約第４条による特例計算

被相続人が日本居住者である場合，日米相続租税条約の適用を受けることにより米国市民又は米国居住者に適用される基礎控除（2022年は課税遺産額ベースで1,206万USドル）の税額控除額に，被相続人の全世界相続財産のうちに米国内財産価額の割合を乗じた金額を限度とする税額控除の適用を認めています。なお，この特例計算を行うためには，米国遺産税の申告に際し，遺産総額の明細を開示する必要があり，特例計算によらない場合の基礎控除は課税遺産額ベースで６万USドル（税額控除額で１万3,000USドル）となります。

9　遺産税の申告と納付

米国非居住者は相続が発生した日から９カ月以内にForm706-NAを内国歳入庁（IRS）に提出し，米国遺産税の申告・納付を行う必要があります。

ただし，Form4768（申告期限延長の申請書）を提出すれば，原則として６カ月（最大12カ月）の間，申告期限が延長されます。なお，その場合でも期限内（相続発生から９カ月以内）に遺産税額の予定額を支払うことが望ましいといえます。

10　日本の相続税の申告と外国税額控除の適用

米国所在財産は全て（米国所在財産から除外された預金口座を含む）日本の相続税の課税の対象となります。納付した米国の遺産税は外国税額控除の適用により，納付すべき日本の相続税に被相続人の相続財産の価額のうちに米国財産の価格の占める割合を乗じて計算した金額を限度として控除することができます。

なお，米国NY州で支払うこととなる遺産税がある場合は，その支払うこととなるNY州の遺産税も外国税額控除の対象となります（相法20の2，21の8，相基通20の2-1，21の8-1）。

Q32 米国国内に金融口座保有する日本居住者に相続が発生した場合の相続手続

CHAPTER 2

Q31の相続発生における米国の相続手続について教えてください。米国所在財産は次のとおりです。

① 米国NY州の証券会社に証券口座（株式，証券投資信託など時価40万USドル）
② 米国NY州所在の銀行に預金口座（残高5万USドル）

結 論

A氏が米国の金融機関を経由して保有していた株式，投資信託及び預金について，相続が発生した場合の受取人をPayable on Death Accounts（POD），Transfer on Death（TOD）Registrationなどの口座形態であらかじめ指定していない場合，州の裁判所の監督下による相続手続（プロベート）が必要となります。相続財産の価額が少額な場合，受取人の指定がなくてもプロベートを必要としない州もありますが，本事例では金融口座の残高が40万USドル相当のため相続発生時の受取人をあらかじめ指定していなければ，NY州のプロベートが必要になると考えられます。

ポイント

▶ 相続発生時に相続財産である預金口座，証券口座にあらかじめ受取人を指定していない場合，裁判所の監督下による相続手続（プロベート）が必要になります。

▶ プロベートの手続開始から手続の完了までに1年以上の期間を要するケースも多く，プロベートの手続を米国弁護士などに委任する場合，弁護士への報酬が高額になる恐れがあります。

▶　プロベートでは遺産の内容及び相続人の情報が公開されることが一般的であり，個人のプライバシーが公開されることになります。

解 説

1　米国の相続手続

米国の相続制度は，相続が発生すると被相続人の債権・債務を清算し（相続に係る諸費用・税金を含む），残った財産を相続人に分配するという「清算主義」に基づいて行われます。この清算主義において債務は相続人が承継せずに，債権者への公告，債務額の確定などが裁判手続として行われ，遺産から精算（差し引かれる）されます。この清算主義に基づく相続手続はプロベートと呼ばれ，裁判所の監督下で実施されます。

2　プロベートの概要

①　米国では相続が発生すると被相続人の財産はEstate（遺産）と呼ばれ，一定の場合（財産額が少額等の場合／州ごとに異なる）を除き，裁判所へ人格代表者（Personal Representative）の任命申請を行う必要があります。裁判所は申請を受けた者（個人又は法人）を任命・指名します。

②　人格代表者は，上記裁判所の任命・指名を受け，遺産の管理，相続手続及び相続税を支払った後に，財産を相続人に分配することができます。

③　裁判所の監督の下で，相続手続が進行するため相続手続の完了までに1年以上の期間を要します。

④　人格代表者は，遺言書がある場合は遺言執行者（Executor）と呼ばれ，遺言書がない場合は遺産管理人（Administrator）と呼ばれます。

3　相続財産の名義変更又は解約について

プロベート，遺産税の申告・納付の必要性に関係なく，米国所在財産の名義変更又は解約の手続は必要となります。相続手続のため，米国の金融機関に口座名義人に相続が発生したことを連絡すると，以下の書類の送付を求められることが一般的で口座の名義変更又は解約を行うにもかなりの手間と時間を要することもあります。

(1) Death Certificate（死亡証明書）

被相続人の除籍謄本を英訳し，除籍謄本を添付した翻訳書を日本の公証人による公証を受けることで代替します。一般的に相続人が宣誓供述書に翻訳の内容が原本の内容と相違ないことを公証人の前で署名し，公証人は相続人が面前で署名したことを認証します。

(2) パスポートの認証

相続人のパスポートの記載内容を英訳し，パスポートのコピーを添付した翻訳書を相続人が宣誓供述書に翻訳の内容が原本の内容と相違ないことを公証人の前で署名し，公証人は相続人が面前で署名したことを認証します。

(3) 相続人の口座開設申込書とその申込書の認証

口座開設申込書に相続人が公証人の面前で署名し，公証人は相続人が面前で署名したことを認証します。

(4) 相続人が口座を相続したことを証する書類とその認証

遺産分割協議書を英訳し，遺産分割協議書を添付した翻訳書を相続人が宣誓供述書に翻訳の内容が原本の内容と相違ないことを公証人の前で署名し，公証人は相続人が面前で署名したことを認証します。

4　預金口座及び証券口座における受取人の指定

(1) Payable on Death (POD) Accounts

預金口座における受取人指定口座で，金融機関にPOD口座の開設と受取人の指定をあらかめ所定の届出用紙に通知しておくだけで，相続発生後，プロベートの手続を行うことなく，相続発生後に指定した受取人に預金口座の資金を相続させることが可能で，預金口座所有者の生存中は，預金の引き出し及び受取人の変更・取消も預金口座所有者が自由に行うことができます。

なお，米国非居住外国人のPOD口座の開設を行っていない金融機関もあるので，各金融機関に確認する必要があるでしょう。

(2) Transfer on Death (TOD) Registration

証券口座における受取人指定口座で，金融機関にTOD口座の開設と受取人の指定をあらかじめ所定の届出用紙に通知しておくだけで，相続発生後にプロベートの手続を行うことなく，相続発生後に指定した受取人に証券口座の株式，投資信託などを相続させることが可能となります。

証券口座所有者の生存中は，株式，投資信託の売買，及び受取人の変更・取消も証券口座所有者が自由に行うことができます。

なお，米国非居住外国人のTOD口座の開設を認めていない金融機関もあるので，各金融機関に確認する必要があります。

各国の事例（米国）

Q33 相続が発生した場合に相続人のなかに米国居住者がいる場合

CHAPTER 2

日本居住者（日本国籍）であるＢ氏に相続が発生しました。Ｂ氏の相続人になかには，米国で就職・結婚して米国居住者となっているＣ（日本国籍／グリーンカード保有）氏がいました。

Ｃ氏が相続人となる場合の税務上の取扱いについて教えてください。なお，Ｂ氏の相続財産は全て日本国内に所在します。

結 論

Ｃ氏は日本の相続税の納税義務者となりますが，米国遺産税の納税義務者には該当しません。また，日本に居住していた被相続人も米国所在財産を保有していなかったため，米国遺産税の納税義務者となりません。

ポイント

▶ 相続人が日本国籍保有者である場合，被相続人及び相続人のいずれかが相続発生前10年の間に日本に住所を有していたことがあると，日本の相続税法上，Ｃ氏は無制限納税義務者に該当します。

▶ 被相続人が米国の居住者に該当しない場合，被相続人が米国所在財産を保有していなければ，米国遺産税の納税義務者となりません。

▶ Ｃ氏が現地で国際結婚などをして米国を生活の本拠地とする遺産税法上の米国居住者に該当する場合，米国において一定の届出が必要になります。

解 説

1 納税義務者と課税財産の範囲

前記 Q31 の解説 1 の日本国内法（相続税法）の納税義務と課税財産の範囲のとおり，日本の相続税法の納税義務者は相続又は遺贈により財産を取得した個人となり，被相続人又は相続人の国籍及び住所地によって 3 つに分類されます。

本事例では，C 氏はこのうちの非居住無制限納税義務者に該当し，相続する全ての相続財産が課税の対象となります（相法 1 の 3，1 の 4，相法 2，2 の 2)。

他方，米国国内法では被相続人が納税義務者となり相続時に米国市民でも米国居住者にも該当しない場合，制限納義務者に該当し，米国国内に所在する財産のみが遺産税の課税の対象となります。B 氏は日本の居住者であり，米国所在財産も保有していなかったため，遺産税の納税義務者となりません。

2 相続人が遺産税法上の米国居住者の場合の留意点

前記のとおり，被相続人が日本の居住者で米国所在財産を保有していないため米国遺産税の納税義務はありません。

けれども，C 氏が米国で永住の意思を持つ遺産税法上の居住者に該当する場合（例：米国で国際結婚をし，自己所有の自宅があり家族と同居，永住の意思がある)，外国の個人等から Gift（贈与)，Bequest（遺贈）等を受けた場合は，Form3520 により，米国内国歳入庁へこれを報告する必要があります（報告であって，申告ではありません)。

(Form3520：http://www.irs.gov/pub/irs-pdf/f3520.pdf)

USD100,000 以上の遺贈等を外国の個人から受けた場合は，報告を行う必要があり，定められた期限内（贈与等を受けた年の翌年 4 月 15 日まで）に報告がない場合は，Penalty として最低 1 万ドルが課せられます。

一般的には，米国所得税の申告期限が報告すべき期限となります（4 月 15 日)。

また，C 氏が相続した財産が預金・証券口座で，引き続き外国（日本）で金融口座等を保有している場合は，国外財産の情報開示のためのForm8938も提出する必要があります。

(Form8938：http://www.irs.gov/pub/irs-pdf/f8938.pdf)

各国の事例（フランス）

Q34 欧州（フランス）において相続が発生した場合の留意点

CHAPTER 2

被相続人又は相続人が欧州（フランス）居住者（税務上の居住者／日本国籍）に該当する場合，又は相続財産に欧州（フランス）所在財産がある場合の留意点について教えてください。

結 論

留意点として次の３つが挙げられます。

① 日本・フランス間における相続手続の違い

② 日本・フランス間におけると法定相続人の範囲の違い，

③ 当該二国間における相続に関する国際私法の違いから生じる二重課税

このうち，日本・フランス間で最も異なることは，フランスにおける相続手続及び相続税申告は公証人（Notaire）が行うという点にあります。フランスに関する相続（被相続人がフランス居住者又は相続財産の所在地がフランス国内）が発生すると，公証人を通じて相続人の範囲，相続財産の整理・財産額の確定が行われ，相続税の計算・申告及び納税も行われます。また，日本人が海外に財産を遺して相続が発生した場合，どこの国の法律が適用されるのかという問題が生じたときは，国際私法によって解決し，日本の国際私法としては，「法の適用に関する通則法」があり，これらの法律によって問題となる法律関係に適用される法律（準拠法）を決めます。

すなわち，日本の法律によれば，被相続人の準拠法は「被相続人の本国法」で，本事例では被相続人が日本国籍を有していれば日本法となり，相続財産の種類や所在地に関係なく，全てを被相続人の「本国法」により決定しようとする相続統一主義を採用することになります。一方，相続財産の種類や所在地などにより，相続財産を動産と不動産に分けて，動産は被相続人の死亡時の居住地の法により，不動産は不動産の所在地の法律により決定しようとする相続分割主義を採用している国もあり，フランスは当該相続分割主義を採用しています。さらにフランスの法定相続人の範囲・相続割合は，日本の法定相続人の範囲・相続割合とも異なります。そのため被相続人が日本国籍であるもののフランスの居住者などに該当する場合，相続手続及び申告に関して，かなり煩雑になることが想定されます。

ポイント

▶　フランスに関する相続（被相続人がフランス居住者又は相続財産の所在地がフランス国内）が発生すると，公証人を通じて相続人の範囲，相続財産の整理・財産額の確定が行われ，相続税の計算・申告及び納税も行われます。

▶　フランスは，相続分割主義を採用しており，法定相続人の範囲・法定相続割合は日本と異なります。

解 説

1　フランスの相続手続の概要

(1) フランスにおける相続に関する公証人の役割

フランスにおける相続手続及び相続税申告は公証人（Notaire）が行います。

フランスに関する相続（被相続人がフランス居住者又は相続財産の所在地がフランス国内）が発生すると，公証人を通じて相続人の範囲，相続財産の整理・財産額の確定が行われ，相続税の計算・申告及び納税も行われます。

(2) 相続表明（Declaration de la succession / Form 2705）の期限

被相続人の相続がフランス国内で発生した場合，相続税の申告・納付の期限は相続税が発生した日から6カ月以内となり，被相続人の相続がフランス国外で発生した場合は1年以内となります。いずれも期限内に申告・納付ができないと延滞税が発生するため，当該期限内に相続税申告・納付が完了しない場合は，相続表明の期限内に予定納税などを検討しておく必要があります。

(3) 相続税の納税義務者と課税財産の範囲

フランスは，日本と同様に相続により取得する遺産を取得する相続人が納税義務者になる遺産取得課税方式を採用しています。フランスにおける相続税の納税義務者と課税財産の範囲は次のとおり区分されます。

相続人／被相続人	フランス国内に住所あり	フランス国内に住所なし
フランス国内に住所あり	全世界所在財産が課税の対象	全世界所在財産が課税の対象
フランス国内に住所なし	全世界所在財産が課税の対象（注 1） 又はフランス国内所在のみが課税の対象（注 2）	フランス国内所在のみが課税の対象

（注 1）相続発生前 10 年間における相続人のフランス居住期間が 6 年以上の場合
（注 2）相続発生前 10 年間における相続人のフランス居住期間が 6 年未満の場合

フランス国内に住所あり・フランス居住者とは，次の基準を満たす人を指します。

- ▶ 住宅又は主たる住居がフランス国内にあり 1 年のうち 6 カ月以上居住。
- ▶ フランス国内において経常的に職務に従事している。
- ▶ 経済的利益（収入・所得）の中心がフランス国内にある。

(4) フランスの相続税計算の概要

フランス相続税の計算は，被相続人及び相続人がフランス居住者に該当するか否かにより課税財産の範囲が上記のとおり異なり，その相続財産を取得した相続人ごとに相続税が計算されます。なお，相続発生前 15 年以内に相続人が被相続人から贈与を受けている場合には，その贈与を受けた金額を持ち戻して計算します。

a　純財産価額の計算

各々の相続人が取得する財産価額から債務の額を控除した残額から，被相続人と各々の相続人の関係毎に規定されている基礎免除額を控除して計算します。

【基礎控除額の例】

ア　配偶者：相続価額の全額

イ　祖父母，両親と子供：10 万ユーロ

ウ　兄弟・姉妹：1 万 5,932 ユーロ

b　相続税額の計算

上記 a の金額に，各々，次の税率が適用されます。

▌祖父母，両親及び子供

純相続財産価額（ユーロ）	税率
8,072 以下	5%
8,072 超 12,109 以下	10%
12,109 超 15,932 以下	15%
15,932 超 552,324 以下	20%
55,324 超 902,838 以下	30%
902,838 超 1,805,677 以下	40%
1,805,677 超	45%

▌兄弟・姉妹

純相続財産価額（ユーロ）	税率
24,430 以下	35%
24,430 超	45%

2　フランスの法定相続人の範囲

(1)　遺言がある場合

遺言がある場合は，遺言に従い，各々の相続人が取得する財産が決定されます（遺言があっても配偶者，子供には一定の遺留分があります）。

(2)　遺言がない場合（フランスの私法／法定相続人の範囲）

次の順位で相続を行います。

第 1 順位：子供及びその卑属

第２順位：両親，兄弟姉妹及びこれらの者の卑属

第３順位：両親以外の尊属

第４順位：叔父，叔母，いとこ等

生存している配偶者は，常に相続人に該当します。

配偶者の法定相続割合は相続財産額の４分の１又は相続財産額の総額の用益権（収益権）のいずれかと規定されています。なお，生存している配偶者が相続しないこととする場合は，子供がその相続割合を平等に相続します。

また，被相続人に配偶者がなく子供がいる場合は，全ての財産が子供に平等に分けられます。

３　日本及びフランスにおける相続に関する国際私法

(1) 日本における国際私法

相続などの私法関係について外国人や外国所在財産が関係している場合，当該法律関係に対してどこの国の法律が適用されるのかという問題が生じたときは，国際私法によって解決します。日本の国際私法としては，「法の適用に関する通則法」があり，通則法第36条で相続は，被相続人の本国法によると定めています。被相続人の国籍が日本の場合，相続統一主義により，法定相続人の範囲及び法定相続割合は日本の民法で決めることになります。

(2) フランスにおける国際私法

一方，フランスにおける相続の私法関係については，日本と異なり外国人や外国所在財産が関係している場合の法律関係に対して被相続人の本国法に依らず，遺言があればその遺言の内容のとおりに遺産が分割され，遺言がなければ，相続財産を動産と不動産に分けて，動産は被相続人の相続時の居住地の法により，不動産は不動産の所在地の法律により決定する相続分割主義を採用しています。すなわち，フランスの民法により，被相続人の相続時の居住地がフランス国内にあると，被相続人に配偶者や子供がいない場合は，両親，兄弟が法定相続人となります。両親が父親又は母親だけの場合は，相続財産はその父親又は母親に４分の１，兄弟に４分の３が割り当てられます（フランス民法738）。

したがって，被相続人及び相続人共に日本国籍で日本の居住者で，日本の民法に基づき遺産分割協議を行い，被相続人の財産の取得者を決定しても，遺言がないと，フランス所在不動産については，フランス民法に基づき分割が行われ相続税の申告が行われることに留意が必要となります。

4　その他の留意点（外国税額控除制度の適用関係）

日本の相続税法における外国税額控除制度は，国際間の二重課税の排除を目的として「この法律の施行地外にある財産を取得した場合において，当該国外財産についてその地の法令により相続税に相当する税が課せられたときは」と規定しています。したがって，日本の相続税額の計算上，フランスで課された相続税額の全てが税額控除の対象とされるものではなく，フランスで課された相続税額のうちフランス所在財産に対応する部分の相続税額だけが税額控除の対象となります。また，フランスの相続税の計算においても外国税額控除の制度があり，日本で課された相続税額のうち，日本所在財産に対応する部分の相続税額が税額控除の対象となります。

被相続人がフランス居住者に該当する場合，このように二重課税の排除は免れないこととなるので，フランスに住所を有する日本国籍の個人（居住者）で相続人が日本に居住する個人（日本国籍）の場合や，フランスに財産を有する日本居住の個人は，遺言によって相続の準拠法は本国法（国籍）による旨，又はフランス所在財産の相続人をあらかじめ指定しておくことが肝要となります。

各国の事例
(台湾)

Q35　台湾の法人株式の評価

CHAPTER 2

被相続人は台湾で法人を経営しており，今回相続で当該台湾法人の株式を相続することになりました。日本では財産評価基本通達に取引相場のない株式の評価方法が定められていますが，海外法人の場合，どのように評価をすればよいのでしょうか？

結 論

財産評価基本通達において，非上場株式は純資産価額方式又は類似業種比準価額方式で評価することとされています。しかし，国外の株式の場合は，類似業種比準価額方式で評価することはできず，時価で評価することとされています。この場合，第三者による評価証明や公的機関による証明が有力な選択肢となりますが，台湾では遺産税という日本の相続税に相当する税金があり，遺産税の課税に際し，「相続した日の純資産総額により評価すること」とされています。ゆえに，当該評価方式により評価した純資産評価方式による評価方法の採用が考えられます。

しかしながら，相続税法上は，外国の相続税税に相当する税金の評価に使われる評価額よりも，売買実例価額，精通者意見価額の方が優先であるため，台湾の公認会計士等から精通者意見価額として株価評価証明書を取得して評価する方法などが考えられます。

解 説

1　非上場株式の評価方法

国内株式の場合は，純資産価額方式又は類似業種比準価額方式により評価することとされています。

2　国外非上場株式の評価方法

国外株式の場合は，非上場株式について類似業種比準価額方式は認められていません。これは，類似業種株価が国内の金融証券取引所に上場している内国法人を対象にしているため，外国法人の評価を行う場合妥当ではないためです。ゆえに，純資産価額方式に準じた評価方法等により特に評価をすることになります。

3　台湾には遺産税があり純資産総額による評価が定められている

台湾には遺産税という日本の相続税に相当する税金があるため，非上場株式の評価方法も定められています。台湾の「遺産及び贈与税法施行細則」（中国語：遺產及び贈與稅法施行細則）29条1項によると，遺産税法上，非上場株式の評価をする場合，原則として相続した日（被相続人死亡日）の当該法人の純資産総額により評価をするとされています（https://www.etax.nat.gov.tw/etwmain/tax-info/understanding/tax-q-and-a/national/estate-tax/calculation/w5NEJB6）。

4　相続税法上は売買実例価額・精通者意見価額が優先

上記のとおり，台湾には日本の相続税株価評価に似た評価方式があります。しかしながら，やっかいなのは，日本の相続税法では他国の相続税株価評価を単純に準用してよいとはなっていないことです。原則として，売買実例価額，精通者意見価額を優先することとされています。これは，外国の相続税に相当する税金の相続税評価額は，特殊な減額措置などがある可能性があり，時価とは乖離している可能性があるためです。ゆえに，精通者意見価額として，台湾の公認会計士等から株価評価証明書を取得して株価評価をする方法が考えられます。

イメージ図

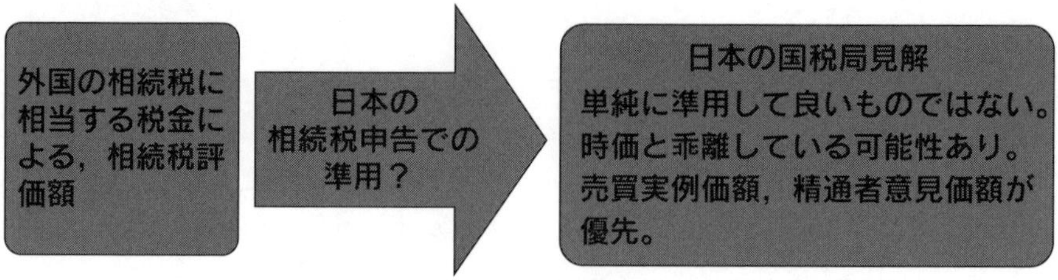
外国の相続税に相当する税金による，相続税評価額
日本の相続税申告での準用？
日本の国税局見解
単純に準用して良いものではない。時価と乖離している可能性あり。売買実例価額，精通者意見価額が優先。

各国の事例
(台湾)

Q36　台湾の不動産の評価

CHAPTER 2

日本国内の不動産は，財産評価基本通達に基づき，国税庁の路線価等で評価すると聞いています。しかし，路線価のない国外の不動産はどのように評価すればよいのでしょうか？　例えば台湾に不動産を所有している場合，どのように評価をするのでしょうか？

結 論

日本国内の不動産は，路線価や固定資産税倍率方式などを用いて評価することとされています。これに対し，国外については路線価や固定資産倍率がないため路線価や倍率方式により評価することができず，なんらかの形での時価に基づき評価することとなります。この場合の時価の算定方法ですが，売買実例価額や精通者意見価格，地価の公示制度に基づく価格等に基づく時価が考えられます。

台湾の場合は，公的な不動産価格の評価方法として，「公告土地現値」又は「評定標準価格」というものがあり，遺産税の申告実務では「公告土地現値」が実務上用いられます。

しかしながら，株式評価と同様，相続税法上は，外国の相続税に相当する税金の評価に使われる評価額よりも，売買実例価額，精通者意見価額の方が優先であるため，売買実例価額等と比較して大きな乖離がない場合は採用するなど，注意が必要になります。

解 説

1 海外の不動産の評価

海外の不動産については，当然ながら日本の国税庁の路線価や倍率方式による倍率図は付されていません。ゆえに，売買実例価額や精通者意見価格，地価の公示制度に基づく価格等による時価で評価していくこととなります。

2 台湾の土地の評価

台湾の土地については，台湾の遺産税法上，「公告土地現値又は評定標準価格」（中国語：公告土地現值或評定標準價格）により評価するとされています。なお，遺産税の申告実務上は，「公告土地現値」のみで土地の価値を評価することになっており，認定標準価格を実務的に使う例はないようです。

3 台湾における公告土地現値とは何か

「公告土地現値」は，各県庁・市役所が1年内の土地売買実例及びその他地価に影響する要素を調査し，毎年1月1日に公告する土地の参考金額です。ゆえに，日本の土地公示地価に類似したものと解釈して差支えないと考えます。

なお，こちらと実際の取引時価との関係ですが，台湾の律師の意見では，「実際の取引価格に占めるパーセント」（中国語：歷年公告土地現值占一般正常交易價格百分比」）という政府による調査によると，最近10年は，公告土地現値が実際の取引金額（時価）の80～90％程度を占めるといわれています。このことからも日本の公示地価に類似したものと思われます。

台湾各地域の公告土地現値は以下のウェブサイトで検索が可能となっています（https://www.land.moi.gov.tw/chhtml/landvalue/42）。

4 建物の評価

建物については，台湾の「遺産及び贈与税法」（中国語：遺產及贈與稅法）10条

3項によると，遺産となる建物は，「評定標準価格」(中国語：評定標準價格又は「房屋評定現值」といいます）によって評価するとされています。こちらも，現地の相続税法に相当する税法で評価が定められている評価方法ですので，有力な評価方法になると思われます。なお，当該「認定標準価格」は，納税義務者自身が建物所在地の税務当局に行って調べることはできますが，各建物の「評定標準価格」を検索できるホームページ等はありません。ゆえに，確認には台湾現地側に協力してもらい，建物の「認定標準価格」を調査してもらうことが必要になります。

5　台湾の遺産税法上の不動産評価方法と調査方法

上記をまとめると以下のとおりとなります。

区分	土地	建物
一般的な評価方法	公告土地現値	評定標準価格
上記価格の調査方法	ホームページで検索可能	現地税務当局で確認可能

6　相続税法上は売買実例価額・精通者意見価額が優先

上記のとおり，台湾には日本の不動産評価に似た評価方式があります。しかしながら，やっかいなのは，日本の相続税では他国の不動産評価を単純に準用してよいとはなっていないことです。原則として，売買実例価額，精通者意見価額を優先することとされており，これは，外国の相続税に相当する税金の評価額の場合，特殊な減額措置などがある可能性があり，時価とは乖離している可能性があるためです。ゆえに，株価評価同様，精通者意見価額を専門家等に算定してもらう必要がある場合があります。台湾には，「不動産估價師」という日本の不動産鑑定士に似た資格がありますので，「不動産估價師」に評価証明書を出してもらうのもひとつの方法です。

各国の事例
(台湾)

Q37　台湾の相続法の特徴

CHAPTER 2

台湾の相続，相続税法の特徴はどういったものでしょうか？　日本人が台湾の財産を相続する際や，被相続人，相続人が台湾人の場合に気を付けるべき点はどういったところでしょうか？

結 論

台湾の法制度はその歴史的経緯から，日本の法制度とかなり似通った部分を持っています。相続人の概念なども日本に似ていますが，相続分は日本と異なります。具体的には，法定相続人の順位，概念などは似ていますが相続分は大きく異なる形となっています。

また，相続税についても遺産税という相続税に相当する税金が存在し，おおまかな計算構造などは日本の相続税によく似ています。相続人に台湾人がいる場合の注意点としては，台湾にも日本の戸籍に相当するものがありますが，その取得が原則本人しかできないため，台湾現地での取得には手間がかかるという点があげられます。

解 説

1　歴史的経緯

台湾はその歴史的経緯から日本の法制度に非常に似通った部分を持っています。ゆえに，国際相続が発生した場合に，法制度などは最も日本の法律感覚でも理解しやすいといえます。

2　民法・相続人と相続分

まず，民法ですが相続人の配偶者以外の順位は，第一順位が直系卑属，第二順位が親，第三順位が兄弟姉妹ですので，順位はほぼ日本と同様です。しかし，相続分が日本と大きく異なっています。

相続分

	法定相続人（台湾民法1138条）		法定相続分（台湾民法1144条1〜4）
第1順位	直系卑属	配偶者	相続人で均等（台湾民法1144条1）
第2順位	父母		配偶者が1/2，父母又は兄弟姉妹が残り1/2（台湾民法1144条2）
第3順位	兄弟姉妹		
第4順位	祖父母		配偶者が2/3，祖父母が残り1/3（台湾民法1144条3）

上記のとおり，配偶者が第一順位で２分の１，第二順位で３分の２の法定相続分を持つという形でなく，均等相続とされています。ゆえに，第一順位で相続される場合に，子が２人いれば，法定相続分は配偶者と子２人で，それぞれ３分の１ずつになることとなり，配偶者は必ず２分の１で，残り２分の１を子で均等按分するという日本の法定相続分と異なります。

例：第1順位で配偶者と子3人の場合

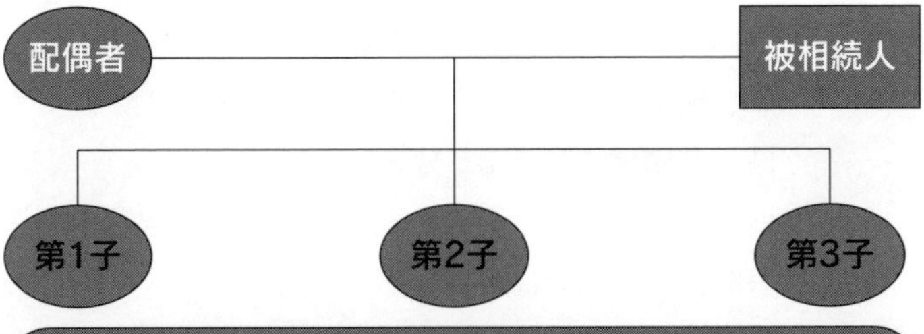

日本の法定相続分：配偶者$\frac{1}{2}$，子それぞれ$\frac{1}{2}\times\frac{1}{3}$だが，

台湾の法定相続分：配偶者，子ともそれぞれ$\frac{1}{4}$となる

【参考　台湾の相続編（民法)】

第五編　繼承

第一章　遺產繼承人

第 1138 條　遺產繼承人，除配偶外，依左列順序定之：

一、直系血親卑親屬。

二、父母。

三、兄弟姊妹。

四、祖父母。

第 1139 條　前條所定第一順序之繼承人，以親等近者為先。

第 1140 條　第一千一百三十八條所定第一順序之繼承人，有於繼承開始前死亡或喪失繼承權者，由其直系血親卑親屬代位繼承其應繼分。

第 1141 條　同一順序之繼承人有數人時，按人數平均繼承。但法律另有規定者，不在此限。

第 1142 條　(刪除)

第 1143 條　(刪除)

第 1144 條　配偶有相互繼承遺產之權，其應繼分，依左列各款定之：

一、與第一千一百三十八條所定第一順序之繼承人同為繼承時，其應繼分與他繼承人平均。

二、與第一千一百三十八條所定第二順序或第三順序之繼承人同為繼承時，其應繼分為遺產二分之一。

三、與第一千一百三十八條所定第四順序之繼承人同為繼承時，其應繼分為遺產三分之二。

四、無第一千一百三十八條所定第一順序至第四順序之繼承人時，其應繼分為遺產全部。

第 1145 條　有左列各款情事之一者，喪失其繼承權：

一、故意致被繼承人或應繼承人於死或雖未致死因而受刑之宣告者。

二、以詐欺或脅迫使被繼承人為關於繼承之遺囑，或使其撤回或變更之者。

三、以詐欺或脅迫妨害被繼承人為關於繼承之遺囑，或妨害其撤回或變更之者。

四、偽造，變造，隱匿或湮滅被繼承人關於繼承之遺囑者。

五、對於被繼承人有重大之虐待或侮辱情事，經被繼承人表示其不得繼承者。

2　前項第二款至第四款之規定，如經被繼承人宥恕者，其繼承權不喪失。

第 1146 條　1　繼承權被侵害者，被害人或其法定代理人得請求回復之。

2　前項回復請求權，自知悉被侵害之時起，二年間不行使而消滅；自繼承開始時起逾十年者亦同。

(https://law.moj.gov.tw/LawClass/LawParaDeatil.aspx?pcode=B0000001&bp=125)

3　日本の相続税に相当する遺産税

税金についても日本の相続税に相当する制度として遺産税があります。こちらも計算構造的には日本に似ています。なお，相続税の申告期限は相続発生日から６カ月後となっており，また，申告内容をもとに税務局が２か月以内に賦課課税として課税する形となっており，その点は日本と異なります。

台湾の遺産税の公式ホームページは以下のとおりです。

(https://www.etax.nat.gov.tw/etwmain/tax-info/understanding/tax-saving-manual/national/estate-and-gift-tax/QbA7Lqp)

▍イメージ図

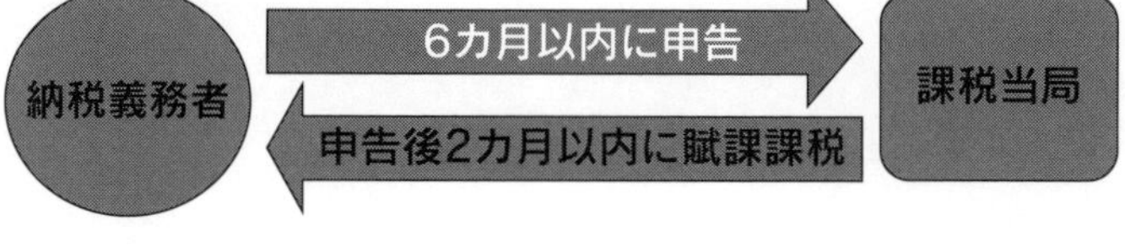

4　最も日本の相続制度に近いがそれでも相違点は多い

上記のとおり台湾の相続制度はその歴史的経緯から，制度に日本と似通った部分を持っていますが，それでも相違点は多くあります。大きな相違点としては法定相続分が異なりますので，その点に留意する必要があります。相続税については，台湾の遺産税の申告期限が相続発生から6カ月後であり，10カ月以内を申告期限とする日本の相続税より早くなっています。ゆえに，相続人間での協議が固まれば，先に台湾の相続税申告を終えて，その後日本の相続税の申告をするという形になると思われます。

各国の事例
（台湾）

Q38　台湾の遺産税申告書と計算方法

CHAPTER 2

台湾人の相続人がおり，台湾から遺産税申告書というものが送られてきました。これは日本の相続税申告書に相当するものでしょうか？どういった見方をすればよいか具体的に教えてください。また，外国税額控除の対象となるのはどの項目で，どういう計算方法になるでしょうか？

結論

台湾の遺産税は日本の相続税に相当する税金です。ゆえに，相続税申告書に相当する申告書であり，提出期限が相続発生の日から６カ月以内と日本より早いため，台湾の遺産税申告書が日本より先に完成する場合が多いものと思われます。見方については，計算方法もある程度似通っている部分もあります。生前贈与加算もあり，財産評価の明細書も日本に似通ったものとなっています。外国税額控除の対象となるのは，申告書最終ページの「本次應納遺產稅額」になります。

解説

1　遺産税の性質と申告期限

台湾の遺産税は日本の相続税に相当する税金です。申告期限が日本より早く，相続開始の日から６カ月以内であるため，通常は日本の相続税申告書より完成するのが早いケースが多いと思われます。

2　台湾遺産税申告書のひながた

遺産税申告書は台湾税務局の公式 HP で公開されています。申告書ひながたは以下のとおりです。

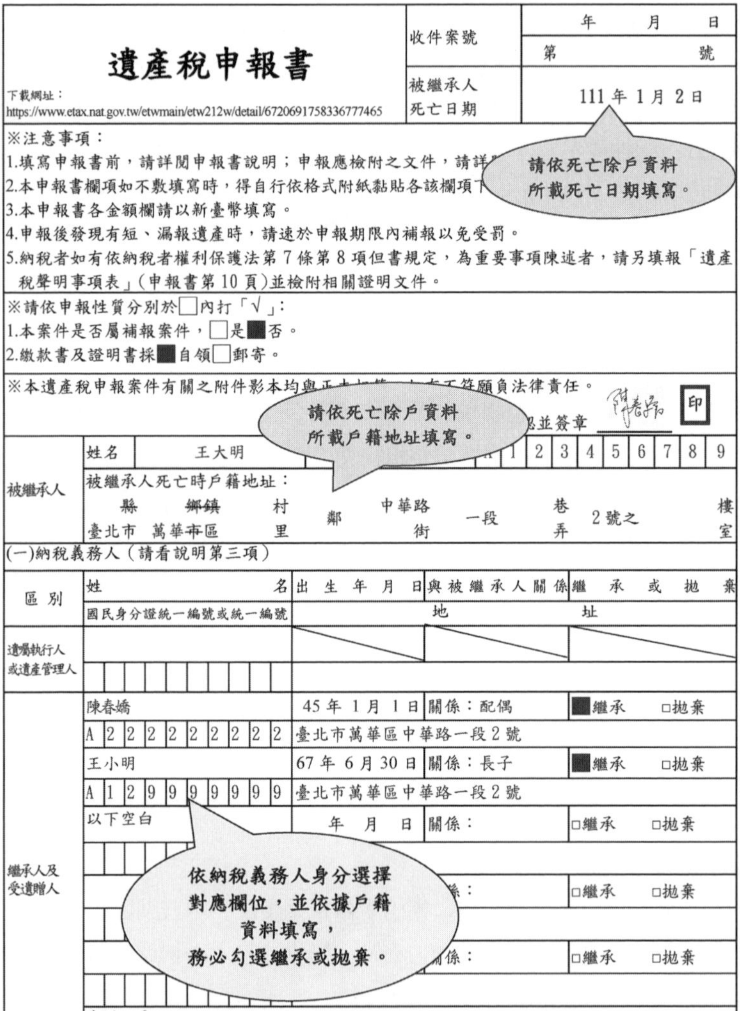

遺產稅申報書

下載網址：
https://www.etax.nat.gov.tw/etwmain/etw212w/detail/6720691758336777465

收件案號	年　月　日 第　號
被繼承人死亡日期	111 年 1 月 2 日

※注意事項：
1.填寫申報書前，請詳閱申報書說明；申報應檢附之文件，請詳
2.本申報書欄項如不敷填寫時，得自行依格式附紙黏貼各該欄項下
3.本申報書各金額欄請以新臺幣填寫。
4.申報後發現有短、漏報遺產時，請速於申報期限內補報以免受罰。
5.納稅者如有依納稅者權利保護法第 7 條第 8 項但書規定，為重要事項陳述者，請另填報「遺產稅聲明事項表」（申報書第 10 頁）並檢附相關證明文件。

※請依申報性質分別於□內打「√」：
1.本案件是否屬補報案件，□是■否。
2.繳款書及證明書採■自領□郵寄。

※本遺產稅申報案件有關之附件影本均與正本相符，如有不符願負法律責任。
認並簽章　　印

被繼承人	姓名	王大明
		A 1 2 3 4 5 6 7 8 9
	被繼承人死亡時戶籍地址： ~~縣~~ ~~鄉鎮~~ 村　鄰　中華路　一段　巷　2 號之　樓 臺北市　萬華~~市~~區　里　街　弄　室	

(一)納稅義務人（請看說明第三項）

區別	姓名 國民身分證統一編號或統一編號	出生年月日	與被繼承人關係	繼承或拋棄
		地址		
遺囑執行人或遺產管理人				
繼承人及受遺贈人	陳春嬌	45 年 1 月 1 日	關係：配偶	■繼承　□拋棄
	A 2 2 2 2 2 2 2 2 2	臺北市萬華區中華路一段 2 號		
	王小明	67 年 6 月 30 日	關係：長子	■繼承　□拋棄
	A 1 2 9 9 9 9 9 9 9	臺北市萬華區中華路一段 2 號		
	以下空白	年　月　日	關係：	□繼承　□拋棄
			係：	□繼承　□拋棄
			係：	□繼承　□拋棄
	合計　2　人 請將全部繼承人資料填入繼承人及受遺贈人欄，如有拋棄繼承者，請於「繼承或拋棄」欄內勾選「□拋棄」，並附法院准予備查函影本。			

(https://www.etax.nat.gov.tw/etwmain/etw212w/detail/6720691758336777465)

3　台湾遺産税の計算構造

台湾の遺産税の構造は比較的日本の相続税に似ています。具体的には，以下のとおりです。

① 相続財産と生前贈与加算（2年以内）で課税遺産総額を計算し，

② 各相続人の人的控除や，債務控除，葬式費用の控除額を計算し，

③ 公益性財産不課税の観点から課税額から減額する財産額を算出します。

④ ①－②－③から免税額（日本の基礎控除額のようなもの）を減額した課税額について，累進課税税額表により納税額を計算し，最終的な遺産税総額が算出されます。

4　外国税額控除

居住無制限納税義務者，非居住無制限納税義務者が相続又は遺贈により取得した財産に台湾の遺産税が課税された場合には，以下の金額のうち，いずれか低い金額を外国税額控除として相続税額から控除することができます。

① 外国で課された相続税相当額（台湾の遺産税額）

② $\text{相続税額} \times \frac{\text{分母のうち国外財産の価額}}{\text{相続税の課税価格計算の基礎に算入された財産の価額}}$

各国の事例
(台湾)

Q39 台湾の戸籍謄本と制度

CHAPTER 2

台湾の相続関係の書類はどういったものがありますか？　戸籍制度はあるのでしょうか？　戸籍制度がある場合は，戸籍謄本等の見方について教えてください。

結 論

台湾はその歴史的経緯から法制度が日本に似通っていますので，戸籍制度が存在し，戸籍謄本があります（漢字もそのまま戸籍謄本です)。こちらで確認できるのは，同一世帯の家族関係となります。また，その他全戸籍謄本というものがあり，こちらでは全家族関係が確認できます。

解 説

1　台湾の戸籍制度

台湾は日本と同じような戸籍制度が存在します。戸籍謄本については，①個人の戸籍謄本と，②全戸籍謄本があり，個人の戸籍謄本の記載情報は限定的ですので，相続人の確認のためには全戸籍謄本を取得する必要があります。

2　戸籍謄本の見方

個人の戸籍謄本のサンプルは以下のとおりです。下記で確認できる情報は，個人及びその父母の情報となります。

▌台湾の戸籍謄本サンプル

戸籍謄本(現戸部分)

戸號：　　　　戸別：共同生活戸
戸籍地址：　市　區　里　鄰　路　段　號　樓
戸長變更及全戸動態記事：省略記事。

稱　謂：戸長　　出生日期：民國　年　月　日
姓　名：[redacted]　　國民身分證統一編號：
父　　：[redacted]　　母　　：[redacted]
配　偶：[redacted]
出生地：臺灣省　縣　　出生別：次男
記　事：出生地台灣省　[redacted]

稱　謂：妻　　出生日期：民國　年　月　日
姓　名：[redacted]　　國民身分證統一編號：
父　　：[redacted]　　母　　：[redacted]
配　偶：[redacted]
出生地：臺灣省　縣　　出生別：次女
記　事：[redacted]

稱　謂：長子　　出生日期：民國　年　月　日
姓　名：[redacted]　　國民身分證統一編號：
父　　：[redacted]　　母　　：[redacted]
配　偶：[redacted]
出生地：臺灣省　縣　　出生別：長男

3　戸籍謄本の取得方法

個人の戸籍謄本については相続人が取得できますが，全戸籍謄本については，相続人が利害関係を証する書類等の提出が必要であり，場合によっては専門家に依頼する方がスムーズです。

Column05　台湾での全戸籍謄本取得のための現地専門家の活用

台湾の律師（弁護士）の方から聞いた，日本の相続手続がらみの実務的なエピソードについてご紹介します。

1．台湾での戸籍取得全謄本取得のニーズ

今まで取り扱った案件のなかで，日本に移住した台湾人又は帰化した元台湾人が日本で亡くなった場合に，相続手続のなかで台湾在住の相続人の有無を確認するため，台湾在住時期の戸籍謄本を取得したいという依頼が少なくないとのことです。

2．全戸籍謄本の必要性

前述の戸籍謄本のサンプルのように，各記載欄には，生年月日，氏名，国民身分証統一番号，父母，配偶者，出生地と続柄等の情報のみが記載されており，当該個人の一親等直系卑属（子供）に関する記載はありません。したがって，被相続人に台湾在住の相続人がいないかを確認するためには，被相続人の出生時から転出時までの連続性のある「全戸戸籍謄本」（すなわち，同じ戸籍に登録されている全者の情報が記載された戸籍）が必要になります。

3．相続人による申請の場合の制限

しかし，個人情報保護のため，台湾の戸籍謄本は，「当事者本人」が申請する場合，「全戸戸籍謄本」を取り寄せることができる一方，当事者本人ではなく，その相続人が申請する場合，原則として，当事者本人の戸籍情報のみ（即ち「個人戸籍謄本」）しか取り寄せることができません。

前記のサンプルを例とすると，仮に妻がその後離婚して，日本人と結婚し，そして，日本で亡くなった場合，日本人の夫は原則として妻の記載欄しか取得できません（謄本上，他の関係者欄が黒塗りにされたり，あるいは削除されたりすることになります）。そうしますと，妻に台湾在住の子供がいるかという点等の確認ができません。

4．相続人に利害関係がある旨の証明と現地専門家の活用

この場合，被相続人の婚姻関係の他に，被相続人以外の者（同じ戸籍に登録

されている他の者）との利害関係を証明する書類も提出しなければなりません。台湾律師（弁護士）の方の経験によると，戸籍の提出先（法務局，税務署，保険会社又は銀行等）が作成した書類は「利害関係を証明する書類」として認められる可能性が高いとのことです。その書面があれば，被相続人の妻以外の者とも利害関係があることを証明できるため，「全戸戸籍謄本」を取得することができ，それにより，妻の台湾在住の子供等の有無の確認が可能となります。

ただし，当該台湾律師（弁護士）の経験では，戸籍謄本の取得につき，各地方当局の担当者が異なる見解を持っている可能性があり，現地の代理人（例えば，弊所弁護士）を通じて担当者と意思疎通を図り，利害関係を認めるよう説得するには，少し工夫する必要があるとのことです。このあたり，担当者により細かい実務の見解が異なる点は，世界共通と感じます。

各国の事例
（中国）

Q40　中国の戸籍謄本と制度

CHAPTER 2

相続人は日本の居住者ですが，国籍が中国であるため日本の戸籍はありません。中国には日本の戸籍のようなものはあるのでしょうか？また証明書として戸籍謄本を取得することは可能でしょうか？

結論

中国では戸籍に相当する制度があり，証明をとることも可能です（地域ごとに方法などは異なり，公的機関が発行する直接的な証明書が出ないケースもあります）。ただし，戸籍は全国的に管理されているわけではなく，地方ごとの管理となっており，証明書が取得できる場合はネット又は公安局の戸籍課で取得することができます。

解説

1　中国の戸籍謄本　各世帯に一冊配布

中国にも戸籍制度はあり，戸籍謄本に相当するものを取得することは可能です。ただし，戸籍は地方政府ごとに管理されているため，各管轄の公安局のホームページにて取得又は管轄の公安局で問い合わせる必要があります。

謄本の原本は手帳形式のもので，家族全員の情報が入っており，各家庭に一冊配布されています。地域によってはこれをホームページなどで公的書類や公安局から証明書として取得することが可能です。上海公安局のホームページは以下のとおりです。

(https://zwdt.sh.gov.cn/govPortals/municipalDepartments/SHGASH)

イメージ図

2　中国の戸籍制度

中国の戸籍制度は，日本でも有名な点として，自由に移転させることができないという点があります。中国における戸籍の移転は，往々にして，転入する都市の政策（例えば住宅購入政策，教育政策など）に従って一定の要件をクリアする必要があります。また当然のことながら，戸籍移転の手続では，転出・転入する都市での手続がそれぞれ必要になります。

各国の事例（中国）

Q41 中国の土地使用権の相続と評価

CHAPTER 2

被相続人は中国に不動産を所有していました。しかし，中国の土地は使用権だと聞きました。当該土地使用権を日本人が相続することはできるのでしょうか？　また，財産評価はどのようにするのでしょうか？

結 論

中国の土地使用権を日本人等の外国人が相続することも可能です。また，財産評価については，中国の公認資格である資産評価師に評価をしてもらい，評価証明書を発行してもらうか，物件の場所によっては地方政府の公示価格などが付されている場合もありますので，それを参考に評価をする方法も考えられます。

解 説

1 中国の土地使用権とは

中国では土地は国家のものとされており，個人や法人が土地自体を所有することはできず，不動産の売買は土地を使用する権利である土地使用権を売買する形で行われます。また，制度上土地使用権と建物の所有者は常に一体とされています。

■イメージ図

2　相続は可能か

上記土地使用権は，相続が可能です。手続を行い，土地使用権の名義を書き換え，相続することになります。なお，不動産は中国の相続法では土地使用権の変更手続に該当し，日本の遺産分割協議が有効ですが，中国側でそちらを基に相続による名義書換えの手続が必要であることになります。上海の登記手続に関する当局のホームページは以下のとおりです。

(https://zwdt.sh.gov.cn/govPortals/index)

3　財産評価

財産評価に関しては，中国には資産評価師という公的な資格があり，不動産や非上場株式の評価をし，評価証明書を発行することが可能な資格になっています（イメージでいうと，日本の不動産鑑定士のあらゆる資産を評価できるバージョンのようなものになります）。外国の不動産については，日本の財産評価基本通達で精通者意見価額が認められていますので，資産評価師による評価が有力な評価方法となります。

また，一定の地域では土地の売買実例価格の情報が公示価格的に公表されている地域もあります。

■イメージ図

各国の事例（中国）

Q42 中国現地法人の出資金の相続と評価

CHAPTER 2

被相続人は中国の現地法人の出資者となっていました。当該出資金は，相続により取得することが可能でしょうか？　また，その場合，中国での課税や必要な手続はどういったものでしょうか？

結 論

相続により出資金を引き継ぐことは可能です。相続として相続関連資料を当局に提出し（中国では出資金情報は行政機関への登録事項です），出資金の名義を相続人に書き換えることになります。

中国では相続税がないため，相続による出資金の取得で，中国で課税されることはありません。

解 説

1　中国における出資者

中国において法人の出資者は非常に重要な情報で，公的機関に情報として届出義務があります。この点は出資者に変更があっても，非上場企業であれば社内手続以外に手続が必要なく，法人税申告書別表二の記載が変わるのみである日本とは異なります。

2　行政機関への届出

上記のとおり，行政機関への届出事項であるため，相続が発生したら必ず出資者情報を書き換える手続を行う必要があります。なお，中国の出資金については，会社法によると，自然人の株主が死亡した場合，その相続人は株主資格を継承することができるとされていますが，会社定款に別途規定がある場合を除くとされています。手続としては相続による出資持分の承継には，身分証明書や相続関連書類を行政機関に提出しなければなりません，例えば，被相続人の死亡証明，被相続人との親族関係証明などが必要になります。

イメージ図

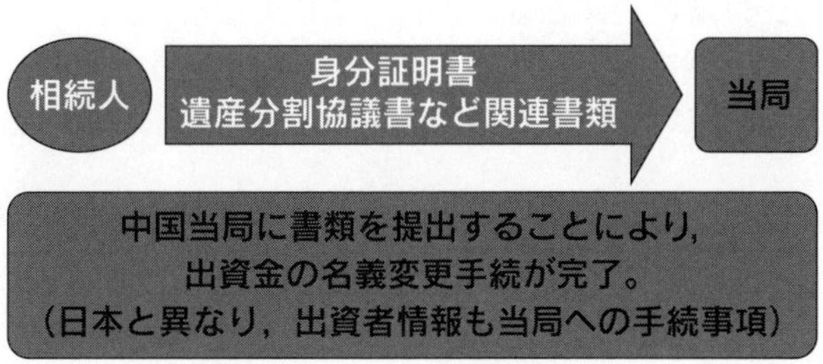

3　税務について

中国の出資金の持分譲渡を行った場合は譲渡益に対して個人所得税が課税されますが，相続による取得は持分譲渡には該当しないため，個人所得税が課税されることはありません。ただし，相続人が相続により取得した出資金を譲渡した場合には，当然ながら課税されます。

なお，日本の相続税は相続人が国外財産も課税される属性の場合は課税されます。

各国の事例
（中国）

Q43 被相続人が中国人の場合の相続と中国の相続法

CHAPTER 2

被相続人が来日して数十年経つ中国人です。一方，日本の民法上の相続人は全て日本にいますが，財産は日本にも中国にもあります。中国の相続人の概念は日本と異なるとも聞きましたが，この場合，日本の民法に基づき相続手続を行ってよいのでしょうか？　また，中国の相続法も考慮しなければならない場合，どのように相続手続を行うのでしょうか？

結 論

日本の「法の適用に関する通則法第36条」により，被相続人が中国国籍者である場合は，中国法による相続を考えることになります。中国の相続制度は以下の点に大きな特徴があります。

①　中国の法定相続人

中国の法定相続人は，第1順位が配偶者・子・父母，第2順位が兄弟姉妹・祖父母となっており，日本と大きく異なります。

②　相続分割主義による反致

中国の相続法は，相続分割主義となっており，動産については被相続人の経常的な所在地国の法律，不動産については，財産の所在地国の法律に基づき処理をすることになります。

ゆえに，動産と不動産にわけ，さらに動産は被相続地の経常的な所在地の法律，不動産は財産の所在地の法律に基づき相続をしていくことになります。そのため，今回のケースでは中国の相続法は不動産が中国に所在する場合に関係することになりますが，日本と同様相続人で遺産分割に関する話し合いをするというのが大きな流れになります。

ゆえに，ご質問のケースでは，動産については被相続人の方の居住地国である日本法，不動産については所在地国の法律，すなわち，日本の不動産については日本法，中国の不動産については中国法に基づき相続していくこととなります。

③　遺留分制度はない

また，中国には日本のような遺留分制度はありません。しかしながら，自活能力のない相続人に対しては一定の配慮をしなければならないという制度はあります。

解 説

被相続人が中国国籍者である場合は，法の適用に関する通則法により中国法が相続法となります。ゆえに，まずは中国の相続法を確認する必要があります。

中国法では上記のとおり，今回のケースでは動産は日本法，中国所在の不動産は所在地国法に基づくことになります。

1　中国法による法定相続人と相続手続

中国法において，相続人は，第１順位が配偶者・子・父母，第２順位が兄弟姉妹・祖父母となっています。相続財産の分割については日本と同様遺産の分割に関する協議を行います。なお遺言後遺贈扶養協議（被相続人の面倒を見てくれたから遺贈しましょう的な寄与分を考慮する協議）が同時に存在する場合，まず遺贈扶養協議を適用され，それから遺言が適用され，最後に法定相続を適用することになります。

なお，民法典によると，同じ相続順位の相続人が遺産を相続する場合，原則として均等でなければならないとされています。生活に特別な困難があり，労働力が乏しい相続人は，遺産を分配する際には，多くの財産を分配しなければなりません。被相続人に対して主として扶養義務を果たしていたか，あるいは被相続人と共同生活をしていた相続人に対して，遺産を分配する際には，多く分配することができるとされています。

なお扶養能力と扶養条件のある相続人は，扶養義務を果たさない場合，遺産を分配する際には，分配しないもしくは少なく分配することが可能です。

遺産の分配に関する具体的な分割額は相続人が協議して確定します。協議できない場合は，人民調解委員会が調停したり，人民法院に訴訟を起こしたりすることができるとされています。

【参考　中国民法典　法定相続分】

遺産は，次に掲げる順位に従って相続する（1127条1項）。

　第一順位：配偶者，子，父母

　第二順位：兄弟姉妹，祖父母，外祖父母

同一順位の相続人の相続分は，通常，均等でなければならない（1130条1項）。

相続分図表

	法定相続人（民法典 1127 条）	法定相続分（民法典 1130 条 1 項）
第 1 順位	配偶者，子，父母	相続人で均等
第 2 順位	兄弟姉妹，祖父母，外祖父母	

上記のとおり，同一順位は均等相続とされています。ゆえに，第一順位で相続される場合に，子が２人いれば，法定相続分は配偶者と子２人で，それぞれ３分の１ずつになることとなり，配偶者は必ず２分の１で残り２分の１を子で均等按分するという日本の法定相続分と異なります。

第１順位で配偶者と子３人の場合

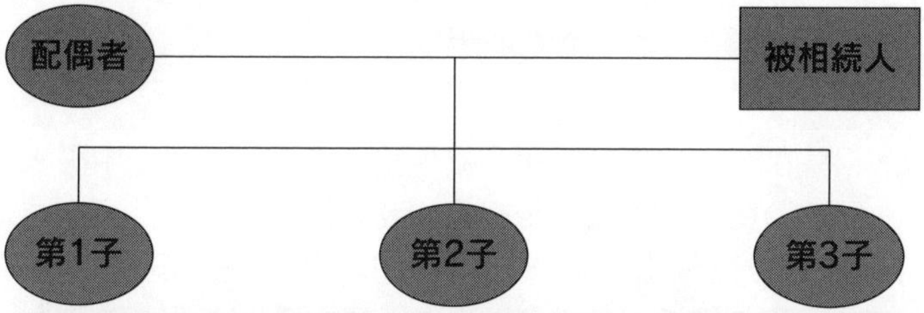

日本の法定相続分：配偶者 $\frac{1}{2}$，子それぞれ $\frac{1}{2}\times\frac{1}{3}$ だが，
中国の法定相続分：配偶者，子ともそれぞれ $\frac{1}{4}$ となる

２　相続分割主義による反致

中国は相続分割主義ですので，不動産については財産所在地国の法律，動産については被相続人の経常的所在地の法律を適用することになります。ゆえに，相続財産に日本に所有する不動産がある場合は，反致により日本法に戻ってくるものと，中国に所在するものは中国法が適用されるものがあり，また動産については被相続人が中国国籍者であっても日本に居住していた場合は日本法が適用されることとなります。

各国の事例（中国）

Q44 被相続人が中国人の場合の相続（中国の相続法と反致の適用）

CHAPTER 2

今回，相続が発生しましたが，被相続人は中国在住の中国人です。しかし，日本の民法上の法定相続人は全て日本におり，日本国籍者，中国国籍者の両方がいます。また，財産は日本にも中国にもあります。

一方で，中国の相続人の定義は日本と異なるとも聞きました。このケースでは，日本の民法に基づく法定相続人によりを行ってよいのでしょうか？　もしくは，中国の相続法も考慮しなければならない場合は，どのように相続手続を行うのでしょうか？

結 論

法の適用に関する通則法により，被相続人の本国の相続法に基づき相続することとなるため，原則として中国の相続法に基づき相続を行う必要があります。今回のケースでは，被相続人の国籍国である中国の相続法に基づき相続を行う必要があります。

しかし，原則としては被相続人の本国の相続法に基づくのですが，反致という取扱いがあり，不動産の所在地国や，被相続人の経常的所在地が日本の場合は日本法により相続することとなります。つまり，反致の対象となる財産については，日本の相続法による法定相続人，相続分，それ以外の財産については，中国法による相続分で相続をすることになります。

上記に基づき，中国の相続に基づき法定相続人を確定していくことになりますが，中国の法定相続人の特徴は，第一順位に被相続人の父母が含まれるといった点です。また，均等按分の考え方がないのも特徴です。日本の法定相続分とは異なります。

ゆえに，財産が中国法で相続するものと日本法で相続するものに分かれることになり，手続的には日本の相続法のみ考えればいい国内相続に比べはるかに複雑になります。

解説

日本の法の適用に関する通則法で，「被相続人の本国の相続法により基づく」とされているため，原則としては被相続人の国籍の相続法が適用されます。お尋ねのケースでは，被相続人の国籍が中国であるため，中国法に基づき相続をすることになります。

中国の法定相続人は日本の法定相続人と異なります。まず，法定相続人が，第一順位配偶者，子，父母，第二順位兄弟姉妹，祖父母，外祖父母日本では子がいない場合にのみ法定相続人となることができる父母が第一順位に来ている点が大きく異なります。また，相続人について同順位であれば均等按分するという考え方も絶対的なものではありません。基本的に相続人同士の話合いで結論がでればよいことになっています。

上記が原則的な考え方ですが，さらに反致という法律上の取扱いがあり，これが非常に国際相続の取扱いを複雑にしています。中国の場合，不動産については所在地国の法に従い相続すると規定されているため，日本に所在する不動産については，日本法に基づき相続することになります。相続財産と法定相続人の関係を図示すると以下のようになります。

イメージ図

相続財産	法定相続人，相続分
1．不動産 所在地国法で処理	所在地国法に基づく法定相続人，相続分 （不動産の所在が日本の場合は日本法）
2．1以外の財産 被相続人の死亡時の経常的な所在地	日本に1年以上滞在した場合，日本法 （中国に1年以上在住の場合，中国法）

上記のように同じ被相続人の財産であっても，原則どおりの取扱いとなるか，反致の対象となるかで財産をわけ，それぞれの法定相続人，相続分で分割を考えていかなければならないことになります。

そのため，実際の実務では日本法，中国法の双方の知識が必要になるため，両国の専門家を起用する必要がある場合もあります。具体的な実務のアクションとしては，以下のようなステップが考えられます。

【実務のステップ】

① 日本法が適用されるものは，日本の専門家のもとに日本の法定相続人が集まって日本法に基づき財産を分割することになります。

② 中国法が適用されるものについては，中国の専門家のサポートも得ながら，中国の法定相続人が集まって中国法に基づき財産を分割することになります。この法定相続人は，1の財産の法定相続人と重複している場合もあれば，2の財産のみ権利がある法定相続人もいることになります。

上記の結果を集計して全体的な相続財産の分割が確定し，さらに実際の登記などの相続手続は，①，②の区分とは異なり，日本の財産は日本の司法書士等の専門家が，中国の財産は中国現地での手続を経て，相続手続が完了することになります。

各国の事例（中国）

Q45 中国本土の相続税関係（被相続人が中国居住の中国国籍者である場合）

CHAPTER 2

被相続人が中国在住の中国国籍者かつ，相続人の一部が中国本土の居住者で，残りの相続人は日本の居住者です。この場合，相続税はどのようになるのでしょうか？　日本の相続税が一定の場合，課税されるのは理解していますが，中国本土には相続税はあるのでしょうか？

また，中国で，相続関係で他に気を付けるべき税務関係の事項はあるでしょうか？

結論

まず，相続税は中国にはありません。しかしながら，日本の相続税は一定の場合，課税されます。ゆえに，お尋ねのケースの場合，以下のような課税関係となります。

相続関係者	注意事項
被相続人	中国国籍者であるため，相続は原則として中国法に基づく。中国法により不動産については，所在地国の法に基づく。
相続人（中国本土居住者）	非居住無制限納税義務者又は非居住制限納税義務者
相続人（日本居住者）	居住無制限納税義務者又は居住制限納税義務者

解説

1　中国に相続税はないが日本の相続税は課税

まず，相続税についてですが，中国には相続税はありません。しかしながら，日本の相続税は日本国内の財産については全ての相続人について課税され，また，国外の財産であっても相続人が居住無制限納税義務者，非居住無制限納税義務者に該当する場合には国外財産についても課税されます。ゆえに，特に，日本国外の居住者について日本の相続税の納付義務がある可能性があることをよく理解してもらうことが重要です。

2　中国法による相続

中国は相続分割主義ですので，動産は被相続人の経常的所在地である中国法，不動産は所在地国法に従うとありますので，日本の不動産については日本法に基づき相続することになります。

中国の相続財産に関する準拠法と手続

区分	動産	不動産
遺産分割準拠法	中国法	所在地国法 （日本所在の不動産の場合は日本法）
名義書き換え手続	中国で行う	所在地国で行う

3　実務的注意事項

主な注意事項をまとめると以下のとおりとなります。

①　被相続人が中国国籍者であるため，相続は中国法に基づきます。

②　①により中国法に基づきますが中国は相続分割主義であるため，動産は被相続人の経常的所在地である中国法，不動産は所在地国法に基づくことになります。

③　中国法に基づき相続する遺産については，相続人を調査し，当該相続人で遺産分割協議書を作成する必要があります。

④　中国に相続税はありませんが，中国国外の財産の名義書き換えは中国側での手続が必要となります。

⑤　相続税は日本国外財産にも課税される可能性があり，当該相続税は当該財産を相続した相続人が負担する必要がある旨を理解してもらい，相続税を納税してもらう必要があります。

各国の事例
（香港）

Q46　香港の相続法とプロベート

CHAPTER 2

香港は英米法の影響が強いとききましたが，相続に関してはどのような制度になっているのでしょうか？　中国大陸に似た制度でしょうか？　台湾に似た制度でしょうか？　また，プロベード制度はあるのでしょうか？

結 論

香港法はその歴史的経緯から英米法に属しますので，プロベード手続があります。ゆえに，中国本土とも，台湾，日本とも全く異なっています。なお，相続税はありません。しかし，その分相続手続は英米法系かつ，プロベートが必要ということで，相続税はかからないものの相続手続は日本とはかなり異なる手続が必要となります。

解 説

英米法の特徴は，相続分割主義，プロベード手続による相続です。被相続人の権利が尊重されており，遺留分に関する考え方も薄くなっています。

1　香港に所在する財産について相続が発生した場合

英米法に属する香港の場合，相続手続はプロベードで行われることになっています。具体的には香港に財産を有する被相続人について相続が発生した場合，プロベート（Probate）と呼ばれる香港裁判所の検認手続を行わなければならないことになっています。当該プロベート手続を経た後に，裁判所の許可を取得して，はじめて財産の名義変更が可能となります。つまり，プロベート手続が完了するまで，相続人であったとしても香港の財産を自由に動かすことができないことになります。

2　プロベート手続とは

プロベート手続とは，英米法系の法体系を採用している国で多く用いられている相続手続です。被相続人の財産に対して，遺言がある場合には遺言執行人が，遺言がない場合には遺産管理人が，適切に遺産を処分し，分配するために定められています。香港をはじめとして，アメリカ，イギリス，カナダ，オーストラリア，シンガポールなどの国が英米法系に属しますが，プロベート手続は国ごとに異なります。

一方で，日本は大陸法系の法体系を採用しているため，被相続人の遺言，遺言がなければ遺産分割協議書を作成し，自由に名義変更を行うことが可能であり，裁判所の許可は不要です。そのため，被相続人が生前，日本の感覚で海外の財産を管理しているため，プロベート対策を行わず，相続発生後に相続人がプロベート手続に直面した際に困惑するケースも見受けられます。

3　香港における具体的なプロベート手続

香港の財産に対して「遺言がある場合」と「遺言がない場合」で手続が異なります。

(1) 遺言がある場合

遺言において定められた遺言執行人（Executor）が裁判所に対して，被相続人の遺産管理及び清算をする旨の許可の申立てを行います。申立て後に，裁判所からプロベート付与（Grant of Probate）されてから，被相続人の財産を遺言どおりに分割することができることとなります。

(2) 遺言がない場合

遺言がない場合にも原則として裁判所を通じて手続が進む点では，遺言がある場合と同様になります。被相続人が遺言を残していない場合には，法定相続人が遺産管理人（Administrator）の申立てを行い，選任された遺産管理人が裁判所から遺産管理状（Letters of Administration）を取得し，被相続人の財産を管理・清算を行うことになります。また，遺言がない場合，法律に基づいて裁判所への申立者及び故人の遺産の分割方法について優先順位が決まります。

手続に係る時間は，どちらの手続も短くて1年程度，長ければ3年以上かかる場合もあります。自身で手続ができない場合には，香港法弁護士に代理申請を依頼する必要があり，手続費用も高額になります。ゆえに，実務的には弁護士報酬が香港にある財産より高額のため，香港にある財産を相続することをあきらめるといった珍事例も生じています。

遺言がある場合とない場合の手続の相違

遺言	ある	なし
申立人	遺言執行人（Executer）	法定相続人
執行者	遺言執行人（Executer）	遺産管理人（Administrator）
裁判所の承認	プロベート付与（grant of probate）	遺産管理状（letters of administration）
遺産分配	遺言に従った分配	法律に従った分配
期間	1年～3年以上	1年～3年以上

4　香港における法定相続分及び遺留分

遺言がない場合には，法律で定められた法定相続人に対して法定相続分に従い分配します。香港における法定相続人とそれぞれの相続分は以下のとおりです。

（1）配偶者がいる場合

①　配偶者のみ

全資産を配偶者が取得する

②　子供がいる場合

配偶者……家財＋HK$500,000＋(全財産－(家財＋HK$500,000))$\times\frac{1}{2}$

子供……(全財産−(家財＋HK$500,000))×$\frac{1}{2}$

③　子供がおらず親がいる場合

配偶者……家財＋HK$1,000,000＋(全財産−(家財＋HK$1,000,000))×$\frac{1}{2}$

親……(全財産−(家財＋HK$1,000,000))×$\frac{1}{2}$

④　子供，親ともにおらず，兄弟がいる場合

配偶者……家財＋HK$1,000,000＋(全財産−(家財＋HK$1,000,000))×$\frac{1}{2}$

兄弟……(全財産−(家財＋HK$1,000,000))×$\frac{1}{2}$

上記を図にすると以下のとおりとなります。

【配偶者がいる場合】

	法定相続人	法定相続分
第１順位	配偶者のみ	全資産を取得
第２順位	配偶者，子	配偶者に家財＋HK$500,000，残りを配偶者と子で半々
第３順位	配偶者，父母	配偶者に家財＋HK$1,000,000，残りを配偶者と父母で半々
第４順位	配偶者，兄弟	配偶者に家財＋HK$1,000,000，残りを配偶者と兄弟で半々

イメージ図

第1順位で子3人の場合

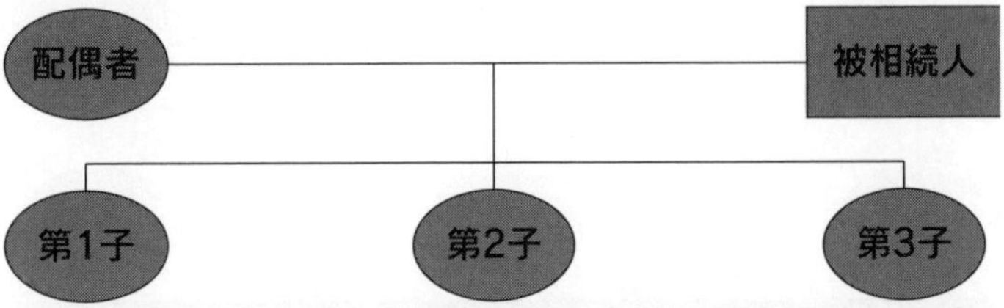

配偶者に家財＋HK＄500,000＋残った財産の$\frac{1}{2}$，
子それぞれに残った財産の$\frac{1}{2}$を$\frac{1}{3}$ずつ等分する。

(2) 配偶者がいない場合

子供⇒親⇒兄弟⇒祖父母……の順番で相続します。

上記を図にすると以下のとおりとなります。

【配偶者がいない場合】

	法定相続人	法定相続分
第 1 順位	子	相続人で均等
第 2 順位	父母	
第 3 順位	兄弟	
第 4 順位	祖父母	

▌イメージ図

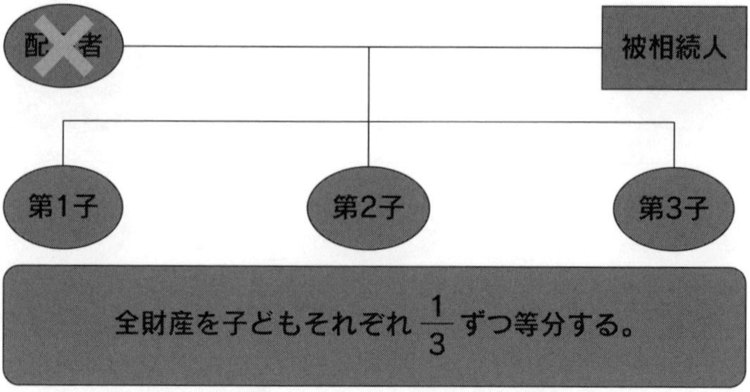

Column06　国外財産調書の提出義務

年末が近づいてくると，我々会計事務所の者は，街はクリスマス気分になってくるこの時期は，「そろそろ繁忙期だなあ」と少しそわそわした気分になります。冬の会計事務所繁忙期で確定申告や決算以外にも面倒なのは，「調書」という税金の納付を伴わない申告です。今回は，その調書のなかでも，「国外財産調書」について解説します。

1．国外財産調書って何？

国外財産調書という制度が 2014 年からあります。これは年末に海外財産が 5,000 万円以上ある居住者は，翌年 3 月 15 日までに税務署に財産の内容を申告しなければならないという制度です。これは，他の調書と同様，提出するのみで，直ちに税金を支払うというものではありません。趣旨としては日本の課税当局にとって把握しにくい海外財産の保有状況を納税者自ら申告してもらうことにより，把握していこうというものです。

2．提出促進のためのアメとムチ

また，提出を促進するため提出した場合，その国外財産に係る所得の申告漏れが生じた場合の過少申告加算税の軽減や，逆に提出が無い場合は，加算税の加重がされることとなっています。もちろん，不提出そのものに対するペナルティもあり，1 年以下の懲役又は 50 万円以下の罰金に処されることになっています。不提出による罰則に関しては，近年初の摘発事例が生じ，話題となりました。

3．所得税，相続税申告との整合性

上記の国外財産調書の内容と，それに対応する所得の申告は当然ながら整合性が必要となります。相続対策が必要なレベルの方は，当該財産に係る相続税，贈与税の申告とも整合性が必要になりますので，そちらも念頭に置いて相続対策を行っていく必要があります。いずれにせよ，「海外所得の把握」は世界のどの税務当局もやっきになって取り組んでいる項目ですので，一昔前の「海外のことだからばれないだろう」という俗説的感覚は改めていく必要があります。

Column07 日本に住む外国人が相続人の場合の戸籍と登記

1. 日本に住む外国人が相続人の場合

最近の日本の相続業務では，日本に住む外国人の方が相続人であるケースも珍しくありません。被相続人（亡くなられた方）が日本人の旦那さんで，相続人の奥さんが外国人といった場合です。この場合，相続税の計算に関しては基本的に相続人が日本人である場合と同様なのですが，相続した不動産登記の手続には，日本人である場合と必要資料が異なると司法書士の先生に教えてもらいました。今回はそちらについて解説します。

2. 外国人には住民票はあっても戸籍はない！

日本に住んでいる外国人の方は，在留カードと住民票はあっても，戸籍は実はありません。日本人と結婚している方などの場合，日本人の配偶者として，当該日本人の方の戸籍の身分事項欄には名前はでてきますが，外国人本人の戸籍はないことになります。「だから何なの？」と思われるかもしれませんが，実は相続した不動産の登記などには通常は，被相続人の死亡時に相続人が生存していたことを確認するため相続人の戸籍が必要なのですが，外国人は戸籍がないという問題が生じます。

3. 国籍地又は領事館で書類を取得

「じゃあ外国人はどうしたらいいの？」というところですが，これが特殊な書類が必要になります。戸籍の代わりに，外国人の方の国籍地や在日領事館で戸籍に替わる書類を取得してもらうと，戸籍の代わりとして日本の法務局で受け付けてもらえるようです（運用面は法務局の管轄担当者の判断によって，異なる場合もあるようです）。

索　引

【な行】

【は行】

【ま行】

【や行】

【ら行】

【参考文献】

酒井ひとみ・BDO 税理士法人『国際税務の法務と税務』（税務研究会出版局）

中田朋子・水谷猛男『世界の相続専門弁護士・税理士による国際相続とエステート・プランニング』（税務経理協会）

税理士法人山田＆パートナーズ『国際相続の税務・手続き Q&A』（中央経済社）

板倉弘至『図解　相続税・贈与税』（大蔵財務協会）

日本税理士連合会『税務六法』（ぎょうせい）

徳山義晃・森村　元『Q&A 海外進出・海外子会社・越境取引の税務』（税務経理協会）

森村　元『中国子会社の清算・持分譲渡の実務』（税務経理協会）

三輪壮一・並木宏仁『海外相続ガイドブック　相続実務における Q&A』（きんざい）

プライスウォーターハウスクーパース『中国税務総覧』（第一法規）

税理士法人山田＆パートナーズ『海外資産の税務ケーススタディ』（週刊「税務通信」税務研究会）

国際課税事例研究会・徳山義晃「月刊　国際税務 2023.1」（国際税務研究会）

米国内国歳入庁ホームページ

執筆者紹介

徳山　義晃（税理士）

シニアマネージャー　税理士法人山田＆パートナーズ

立教大学経済学部卒業後，米国系銀行入行。同銀行トレジャリーグループ外国為替資金部で外国為替，資金及びオプションなどのデリバティブ取引の業務に従事。その後，税理士法人山田＆パートナーズに入所し，これまで国際取引，海外に子会社を有する法人及び外資系企業などに対して海外現地法人の設立・清算，事業再編及び移転価格，タックスヘイブン対策税制など広範な税務アドバイスを実施。また，国際相続・贈与に関わる様々なアドバイス，海外への投資・資金の移転に関する税務アドバイスも行っている。

森村　元（税理士・行政書士）

森村国際会計グループ　代表

2005年マイツグループ入社。

2009年～2013年　中国大連に駐在し，総経理等歴任。

2015年　森村国際会計事務所を開業。

2018年　インバウンド業務の増加に伴い，森村国際行政書士事務所を開業。

日本の税理士知識と，海外現地での実務知識の融合を得意としている日本人税理士，行政書士。日本企業のアウトバウンドビジネス，外国企業の日本へのインバウンドビジネスのサポートを親会社，現地子会社と密接にコミュニケーションをとりながら行っている。

森村国際会計グループ

海外へ進出する日本企業，日本へ進出する外国企業のサポート，相続対策を得意とする国際会計事務所，行政書士事務所。中国語，英語対応可能。

http://morimurakokusaikaikei.com/

著書

中国子会社の清算・持分譲渡の実務　　税務経理協会

Ｑ＆Ａ　海外出張・出向・外国人の税務　税務経理協会

Ｑ＆Ａ　海外進出・海外子会社・越境取引の税務　　税務経理協会

外資・外国人の税務支援入門　税務経理協会

著者との契約により検印省略

令和5年3月31日　初版第1刷発行

よくある疑問を徹底解説
Q&A海外所得・国際相続・
贈与の税務

著　者	徳　山　義　晃
	森　村　　　元
発行者	大　坪　克　行
印刷所	美研プリンティング株式会社
製本所	牧製本印刷株式会社

発行所　〒161-0033 東京都新宿区
下落合2丁目5番13号　株式会社 税務経理協会

振　替 00190-2-187408　電話 (03)3953-3301（編集部）
FAX (03)3565-3391　(03)3953-3325（営業部）
URL http://www.zeikei.co.jp/
乱丁・落丁の場合は，お取替えいたします。

ISBN978-4-419-06923-0 C3032